Manuel Schmid

GOTT HAT KEINEN PLAN FÜR DEIN LEBEN

aber 1000 Möglichkeiten, mit dir ans Ziel zu kommen

BRUNNEN
Verlag GmbH · Giessen

© der deutschen Ausgabe:
2022 Brunnen Verlag GmbH, Gießen
Umschlagfoto: Martin Bergsma/Adobe Stock
Umschlaggestaltung: Daniela Sprenger
Innenfotos: Adobe Stock, unsplash und pexels
Satz: DTP Brunnen
Druck: CPI books GmbH, Leck
Gedruckt in Deutschland
ISBN Buch 978-3-7655-2130-0
ISBN E-Book 978-3-7655-7647-8
www.brunnen-verlag.de

Stimmen zum Buch

„Was will Gott von mir und was ist das für ein Gott, dem ich doch eigentlich von ganzem Herzen vertrauen will? Von Anfang bis Ende zeichnet Manuel Schmid das Bild von einem leidenschaftlichen und daher verletzlichen Gott, der uns durch seine Liebe für (s)ein Abenteuer gewinnen will. Wir dürfen mitschreiben an Gottes atemberaubender Geschichte mit seinen Menschen und seiner Schöpfung! Manuel Schmid hat die Herausforderungen des Alltags in einer komplexen Welt vor Augen, wenn er sich den biblischen Texten nähert. Pastorale Berufserfahrung, Humor und differenziertes theologisches Denken finden in diesem Buch zusammen. Damit Glaube wieder leidenschaftlich und Kirche wieder revolutionär werden darf."

David Jäggi, Pfarrer in der EMK, „netz-abt" beim Netzkloster und Blogger.

„Ein Buch so heiter, ehrlich und riskant wie das Leben selbst. Mit jedem Kapitel wächst der Mut, Gottesvorstellungen loszulassen, die immer mehr Menschen als nicht lebenstauglich erleben. Unaufdringlich und authentisch erzählt der Autor von den Überraschungen, Risiken, Dramen und Happy Ends des Lebens. Keine Spur davon, Gott kleinzureden. Im Gegenteil. Das Buch macht Lust auf einen erstaunlich glaubwürdigen Gott, der sich in das Welt- und Menschabenteuer schmeißt, um uns ins Ziel zu lieben. Ein echter Hoffnungsbooster für alle, die sich die pandemische Unberechenbarkeit des Lebens nicht länger schönglauben können."

Dr. Andreas Loos, Theologe im Projekt „Fokus Theologie" der Reformierten Kirche des Kantons Zürich, Blogger und Podcaster auf www. reflab.ch.

„Manuel Schmid traut sich was: groß von Gott zu denken. Wenn Gott wirklich der lebendige Gott ist, von dem die Bibel redet, dann ist der Glaube an diesen Gott alles außer langweilig: ein großes Abenteuer, eine

Geschichte voller Überraschungen, eine Welt mit offenem Horizont. Und dieses Buch macht Lust darauf, diese Welt zu entdecken."

Prof. Thorsten Dietz, Theologe im Projekt „Fokus Theologie" der Reformierten Kirche des Kantons Zürich, Buchautor, Podcaster, „Worthaus"-Referent.

„Die Welt ist nicht fertig. Gott ist verletzlich und beharrlich, nicht unveränderlich, aber treu. Unser Leben und Glauben ist ungesichert, aber von Gott begleitet und hat revolutionäres Potenzial.

Manuel Schmid liest einige der bekanntesten biblischen Texte noch einmal neu und sehr genau. Alltagsanekdoten stehen in seinem Buch neben existenziellen Erfahrungen und ebendieser überraschenden Lektüre biblischer Texte.

Man merkt dem Buch an, dass es ursprünglich aus Predigten bestand für Christen und Christinnen, die mit einem festen unveränderlichen Plan Gottes für ihr Leben rechnen. Es ist aber ebenso erhellend für mich, die ich diese Auffassung längst nicht mehr teile. Wie geht ein Leben als Christ*in in einer nicht berechenbaren Welt? Manuel Schmid gibt darauf nicht DIE Antwort, aber er regt Antworten an."

Birgit Mattausch, Pastorin und Referentin für experimentelle Homiletik in der Landeskirche Hannovers.

„Die Lektüre dieser Geschichten ist ein wahres Abenteuer, weil Manuel Schmid selbst ein theologischer Abenteurer ist: Er nimmt uns gedanklich hinein in die spannenden Stories, die Menschen mit Gott erlebt haben und sie nachhaltig verändert haben. Das Buch lädt dazu ein, das eigene Denken über Gott immer wieder zu überdenken und neu zu denken und das Bild, das wir von Gott haben, immer wieder zu ergänzen."

Detlef Kühlein, Sprecher und Theologe, Erfinder von „bibletunes – die Bibel im Ohr".

„Manuel Schmid legt hier ein erstaunliches kleines Buch vor, das der großen Frage nachgeht, wie viel Freiheit der Glaube an den christlichen

Gott zulässt. Erstaunlich deswegen, weil es sich nicht in theologischen Schwurbelleien verliert, sondern die Leserinnen und Leser da abholt, wo sie sind: im wirklichen Leben. Mit Witz, Charme und tiefen Einblicken in die Geschichten der Bibel wird hier an Gottesvorstellungen gekratzt, die in der Theorie gut klingen mögen, aber wenig damit zu tun haben, was die biblischen Autoren vom Leben mit Gott berichten. Ein Abenteuer sei es, was Gott den Menschen anbiete, schreibt Manuel Schmid. Ein Abenteuer für Mensch und Gott gleichermaßen. Ein Abenteuer, das uns alle erwarte."

Jakob „Jay" Friedrichs, Autor, Comedian im Erfolgsduo „Superzwei", Podcaster bei „Hossa Talk" und „Cobains Erben".

„Christlicher Glaube – nichts für Langeweiler, nichts für Grufties, sondern für Abenteurer, für Menschen, die die Herausforderung suchen; die bereit sind, Traditionen und auch sich selbst infrage zu stellen.

Manuel Schmid präsentiert einen Gott auf Augenhöhe; er zieht ihn herunter aus dogmatischen Höhen, aus luftleerer abstrakter theologischer Spekulation – in unser Leben, unseren Alltag, in unsere Lebens-Geschichte: Dahin, wo er hingehört und wo der zu uns herunter gekommene Gott sein möchte und sich in Jesus hinbegeben hat.

Ein aufregendes, ein hilfreiches, ein durch und durch biblisch gesättigtes Buch, das uns das Buch der Bücher warm macht und noch einmal anders – entstaubt – näherbringt."

Prof. Heinzpeter Hempelmann, Systematischer Theologe, Philosoph, Lebensweltforscher und Podcaster bei „mindmaps – der Philosophiepodcast".

Inhalt

3. Halte fest, was wirklich zählt

Schluss: Der Gedankenstrich

Vorwort

Dieses kleine Buch hat eine längere Vorgeschichte. Es ist zunächst aus einer Predigtreihe entstanden, die ich im ICF Basel gehalten habe. Mehr als 15 Jahre lang durfte ich diese Kirche als Pastor und Theologe leiten. Unter dem Titel „Adventure of a Lifetime" habe ich damals versucht, einige der theologischen Aha-Momente meines Lebens in drei aufeinander aufbauenden Messages zu vermitteln.

Weil dabei auch eine ganze Reihe fundamentaler theologischer und philosophischer Fragen aufbrechen, habe ich den Text durch sieben knackige Texte unter der Überschrift „Ein bisschen Theologie" ergänzt, die tiefer in diese Themen eintauchen. Sie geben denjenigen etwas mehr „Futter", die beim Lesen zum Beispiel denken: „Moment mal ... aber wird damit nicht die Allmacht Gottes infrage gestellt?"; „Hat Gott die Geschichte dann überhaupt noch im Griff?"; „Bedeutet das, dass Gott sich verändern kann?", usw. Wer sich für solche weiterführenden Gedanken nicht besonders interessiert, kann die entsprechenden Seiten einfach überblättern.

Nicht nur die erwähnten Exkurse, sondern der ganze Text zehrt aber auch von der jahrelangen Forschungsarbeit, die ich in mein Dissertationsprojekt investiert habe. Es ging dort um den sogenannten „Offenen Theismus", einer bibeltheologischen Bewegung innerhalb des Amerikanischen Evangelikalismus. Deren Anhänger machen sich für ein Verständnis Gottes und der Welt stark, das mit den hier vorgestellten Gedanken im Wesentlichen übereinstimmt. Trotzdem verstehe ich das vorliegende Buch nicht als Werbetext für den „Offenen Theismus", sondern einfach als leidenschaftliches Statement dafür, die Authentizität der Geschichte Gottes mit dem Menschen neu ernst zu nehmen. Darum habe ich auch darauf verzichtet, Vertreter (oder Gegner) dieser Bewegung zu zitieren und auf Spezialdiskussionen rund um ihre „Offene Sicht Gottes" einzugehen.

„Just do it" – Dreimal drücken wir auch die Pause-Taste und stellen uns einige Fragen, um die Anregungen dieses Teils auf den Boden unseres Lebens zu bringen. Du kannst dir dazu Gedanken machen und die Antworten in persönlichen Notizen festhalten, oder – noch besser – sie mit anderen Christinnen und Christen diskutieren.

Diese Fragen und natürlich auch die Lektüre des ganzen Buchs wollen dich anregen, deine Vorstellungen von Gott noch einmal aufbrechen oder durchkreuzen zu lassen und den biblischen Erzählungen von Gott und den Menschen mindestens ein Vorschussvertrauen zu schenken.

Die folgenden Ausführungen lassen schnell erkennen, dass ich mit den Bibeltexten ziemlich „unmittelbar" umgehe: Ich nehme die Geschichten Israels und die Berichte über Jesus von Nazareth so entgegen, wie sie uns in den Texten begegnen.

Das bedeutet nicht, dass ich den Fragen um die Entstehungsgeschichte dieser Texte keinen Wert beimesse oder dass ich vergessen will, dass es sich um überlieferte, gestaltete und auch umstrittene Zeugnisse handelt, die es nach allen Regeln der theologischen Kunst zu untersuchen gilt. Ich bin aber überzeugt, dass die Texte in ihrer biblischen Endgestalt als Erzählungen zu uns sprechen und uns Aspekte eines biblischen Gottesbildes vor Augen malen. Dass sich Gott dabei unüberbietbar in Jesus Christus zeigt und uns damit auch den Verständnisrahmen biblischer Texte überhaupt vorgibt, kommt im Folgenden immer wieder zum Ausdruck.

Und es bedeutet schon gar nicht, dass mir nicht bewusst wäre, wie sehr auch die hier verfolgten Gedanken das Ergebnis meiner eigenen Interpretation der Texte ist. Es gibt keinen unverstellten Zugriff auf den Gott der Bibel. Wir bringen uns immer mit unserer Geschichte und Persönlichkeit, mit unseren Erfahrungen und Vorverständnissen in die Lektüre mit ein – und sind eben darum auch angewiesen auf die Weggemeinschaft anderer Christinnen und Christen, auf ihren Widerspruch, ihre Zweifel und Ergänzungen. Wenn ich im Folgenden also auch markige Statements zum Wesen Gottes und zu seinem Verhältnis zum Menschen wage, dann sind diese Aussagen doch immer auf dem Hintergrund dieser Klammer zu lesen – und also nicht als Behauptungen eines erleuchteten Besserwissers zu verstehen, sondern als herzliche Einladung, sich wenigstens probehalber auf diese Gedanken einzulassen, um deren Stimmigkeit und Bedeutung für den eigenen Glauben dann selbst zu prüfen.

Die Namen in Nacherzählungen wahrer Geschichten wurden abgeändert (außer diejenigen meiner Familie).

Wie alle menschlichen Erzeugnisse ist auch dieser Text nicht ohne die Unterstützung, Inspiration und Korrektur vieler Menschen zu denken. Besonders danken möchte ich an dieser Stelle Uwe Bertelmann, der mich als Lektor und Berater begleitet und viele hilfreiche Anregungen eingebracht hat.

Widmen möchte ich das kleine Buch Andreas Loos, einem langjährigen Freund und Verbündeten durch Höhen und Tiefen.

Einleitung: Ja, nein, vielleicht.

Don't be a Maybe

Vor einigen Jahren hat der Zigaretten-Gigant Marlboro mit einer Werbekampagne für Aufsehen gesorgt. „Don't be a maybe", war ihr Slogan: Sei keiner von denen, die nur „vielleicht" sagen, die sich nicht entscheiden können, die nicht aufzubrechen wagen. Denn, so wurde der Slogan zusammen mit eindrucksvollen Bildern weiter ausgedeutscht: „Ein Maybe erreicht die Bergspitze nie". Und „ein Maybe hat keine Geschichte zu erzählen". Also:

Sei kein Maybe.

Die entsprechenden Plakate, Zeitschriften- und Onlinewerbungen schlugen ein wie eine Bombe. Ganz offensichtlich hat der Tabakhersteller damit den Nerv der Zeit getroffen. Die Kampagne war sogar derart erfolgreich, dass sie in Deutschland auf richterlichen Beschluss hin verboten wurde – mit der Begründung, die Reklame sei so stimmig, dass junge Menschen dadurch massenweise zum Rauchen verführt würden.

Ich schätze die Intelligenz und Eigenständigkeit von Jugendlichen sicher optimistischer ein als diese Rechtsvertreter. Aber die enorme Popularität, welche der Slogan „Don't be a maybe" erlangt hat, ist schon bemerkenswert.

Die Marlboro-Kampagne fängt ein Lebensgefühl ein, das viele Menschen im 21. Jahrhundert nur allzu gut kennen. Und er gibt einer Sehnsucht Ausdruck, die gerade den jüngeren Generationen tief ins Herz geschrieben zu sein scheint:

Wir wollen keine Maybes sein.

Wir möchten nicht ziellos durchs Leben schlittern, uns von Systemzwängen und fremden Erwartungen umhertreiben lassen, oder nur den Spuren folgen, die unsere Eltern, unsere Gesellschaft oder auch unsere Kirche für uns längst vorgezeichnet haben. Wir sind auch nicht bereit, uns den Wendungen des Schicksals einfach auszuliefern und auf das Beste zu hoffen.

Nein, *wir möchten unser eigenes Leben führen. Unsere Stimme finden, unseren Weg gehen.*

Nicht zufällig ist das auch die Botschaft so ziemlich jedes Disneyfilms der letzten Jahrzehnte. Von Ariel der Meerjungfrau über den Löwen Simba bis zur Eiskönigin Elsa, vom Clownfisch Nemo über die Helden von „Toy Story" und „Madagascar" bis zum grünen Ogar Shrek: Sie alle machen schon den Jüngsten in unserer Gesellschaft vor, was es bedeutet, einen unabhängigen Weg einzuschlagen, sich von Hindernissen und Ablenkungen nicht beeindrucken zu lassen, und schlussendlich den authentischen Ausdruck seiner selbst zu finden.

Und eigentlich muss man sagen: Die Voraussetzungen dafür waren noch nie so gut. *Keine Zeit und Generation vor uns hatte derart vielfältige Optionen zur Gestaltung des Lebens, zur Verwirklichung individueller Träume.* In fast allen Lebensbereichen steht uns eine unüberschaubare Fülle von Möglichkeiten offen, von denen schon unsere Großeltern (ganz zu schweigen von Angehörigen früherer Jahrhunderte) nicht einmal zu träumen wagten.

Alles ist möglich!

Mir ist der Tag gegen Ende meiner Gymnasialschulzeit noch sehr lebendig in Erinnerung, als ich auf meinem Bett saß und im fetten Studienführer blätterte, den mir die Berufsberatung mitgegeben hatte. 700 Seiten umfasste dieser Schinken schon damals!

Darin wurden Hunderte von Studienrichtungen in den Natur-, Human- und Geisteswissenschaften vorgestellt. Dazu kamen mehrsprachige Ausbildungsgänge, Fernkurse und Austauschprogramme in aller Herren Länder.

In den vergangenen Jahren hat sich die Auswahl an Berufsausbildungen und Studiengängen noch einmal vervielfacht. Kriminalwissenschaften, Sexologie, Urbanistik, Food Management, Freizeitwissenschaften, Önologie oder Gamedesign: *Es gibt kaum ein Spezialinteresse mehr, zu dem sich nicht auch ein akademischer Studiengang oder eine Fachschule findet.*

Noch weitläufiger sind zumindest die theoretischen Optionen in Sachen Partnerwahl. Zahlreiche Dating-Apps und Matchmaker-Portale helfen auf der Suche nach dem perfekten Gegenüber und Seelenverwandten. Sie verwalten Millionen beziehungswilliger und paarungsfreudiger Kandidaten und Kandidatinnen. In den entsprechenden Datenbanken sind sie mit Angaben zum Einkommens- und Bildungsniveau, zu den jeweiligen religiösen und weltanschaulichen Hintergründen und zur sexuellen Orientierung registriert. Intelligente Algorithmen sortieren die Auswahl vor und machen den individuellen Nutzern Dating-Vorschläge, damit diese sich beim Scrollen durch die unzähligen Profile keine Sehnenscheidenentzündung holen.

So kann jeder nach dem idealen Partner Ausschau halten – nach jemandem, der übereinstimmende Ideale und Familienpläne hat, die eigenen Hobbys teilt und einfach genau zu einem passt.

Die Möglichkeiten zur Gestaltung des eigenen Lebens gehen aber noch viel tiefer. Sie betreffen auch die Ebene unserer fundamentalsten Lebensorientierung. Auf verschiedenen sozialen Medien können User inzwischen unter bis zu 70 „Gender-Options" auswählen: Asexuell, Gender-neutral, transsexuell, polygender, gender-queer, nicht-binär, zweipersonal, gender-variabel, pan-gender usw.

Dabei geht es mir hier nicht um die Frage, inwiefern diese Label ihre Berechtigung haben und zur Anerkennung bisher vernachlässigter Gruppen beitragen: Es geht mir vielmehr darum, dass diese Optionen grundsätzlich im Raum stehen – und dass also etwa für eine biologisch männliche Person heute das geschlechtliche Selbstverständnis noch lange nicht entschieden ist: Auch hier stehen Menschen sehr tiefgreifende Angebote zur Identitätsfindung offen.

Und natürlich gilt das auch für die religiösen Präferenzen.

Ein kurzer Blick auf die Klingelschilder eines städtischen Wohnblocks offenbart uns meist schon, dass hier Angehörige verschiedenster Kulturkreise und Weltreligionen nebeneinanderwohnen. Das ist die spannende Realität einer globalisierten Welt: Menschen zahlreicher Glaubensrichtungen – und viele, die gar nichts mehr glauben mögen – begegnen sich in der Nachbarschaft, am Arbeitsplatz und in der Öffentlichkeit. Das „Lexikon neureligiöser Gruppen, Szenen und Weltanschauungen" umfasst in seiner aktuellen Auflage 1470 Seiten mit Hunderten von Einträgen: alles Welterklärungen und Sinnstiftungsangebote, die einem grundsätzlich zur Auseinandersetzung und Aneignung offenstehen.

Selbst innerhalb des Christentums können Menschen unserer Zeit in jeder mittelgroßen Stadt schon zwischen 30 verschiedenen Kirchen und christlichen Gemeinschaften auswählen. Von konservativ-traditionsorientiert bis pfingstlich-charismatisch, von popmusikalisch bis rockaffin, von intellektuell bis experimentell ist für fast jeden etwas dabei.

Wie außergewöhnlich diese moderne Ausgangslage ist, wird bei einem Blick in die Vergangenheit deutlich.

Noch vor 200 Jahren war in den meisten Fällen völlig klar, welchen Weg man beruflich einzuschlagen hatte. Der Sohn des Bäckers, des Bauern, des Schreines oder Metzgers musste keine Laufbahnberatung aufsuchen, um herauszufinden, was aus ihm einmal werden soll. Es war längst ausgemacht, dass er den Hof oder Betrieb seines Vaters übernehmen und darin seine Berufung finden würde.

Noch unbestrittener war die Perspektive von Frauen in früheren Zeiten: Ihre familiäre und gesellschaftliche Aufgabe bestand darin, einen geeigneten Mann zu heiraten und die gemeinsamen Kinder großzuziehen. Wer dieser Ehepartner sein würde, haben bis ins 19. Jahrhundert hinein meistens die Eltern bestimmt.

Und die Auswahl war meist klein.

Für den Bauernjungen aus Kuhkaffshausen etwa kamen vielleicht drei oder vier heiratswillige Mädchen im gebärfähigen Alter infrage. Aber es ging ja ohnehin nicht darum, „die Liebe seines Lebens" zu finden, sondern standesgemäß zu heiraten und die Nachkommenschaft zu sichern.

Überhaupt keine Gestaltungsfreiheiten gab es dann im Blick auf die religiöse oder sexuelle Ausrichtung. Die (männlichen und weiblichen) Rollenbilder waren klar vorgegeben, und auch über den Glauben war bei der Geburt schon entschieden: Waren die Eltern katholisch, dann war das Urteil über die Konfession und religiöse Identität der Kinder gefällt. Schwer anzunehmen war diese Zuordnung für die meisten aber wahrscheinlich nicht, da ohnehin 99% der Bevölkerung vor Ort derselben Kirche angehörten ...

Was für ein Kontrast zur gegenwärtigen Situation!

Die Möglichkeiten zur eigenständigen Gestaltung des beruflichen und privaten Lebens sind in den vergangenen Jahrzehnten geradezu explodiert. Im Vergleich zu früheren Generationen schwimmen wir heute in einem Ozean unbeschränkter Optionen und offener Potenziale!

Nur liegt genau darin – und das haben viele beim Lesen dieser Zeilen schon gespürt – zugleich das Problem unserer Zeit ...

Schockstarre

Soziologen beschreiben zumindest unsere westliche Welt als „Multioptionsgesellschaft". Ein langes Wort, das einfängt, was wir gerade für verschiedene Lebensbereiche durchgespielt haben: Uns stehen unüberschaubar viele Wahlmöglichkeiten und Identitätsangebote offen.

Was soll ich tun mit meinem Leben – und wer will ich sein?

Noch nie waren so viele Antworten auf diese fundamentalen Fragen denkbar. Nina Pauer, die ein einflussreiches Generationenbuch verfasst hat, vergleicht ihre eigene Situation und die ihrer Zeitgenossen mit der einer Drehbuchautorin: Sie starrt auf ein leeres Blatt, wägt in ihrem Kopf Tausend Möglichkeiten ab und fühlt sich doch heillos überfordert, etwas aufs Papier zu bringen. Dabei sollte sie nicht nur ein ganzes Drehbuch schreiben, sondern auch gleich die Hauptrolle noch selbst spielen[1].

Diese Ausgangslage ist vielen nur allzu gut bekannt. Anstatt sich wagemutig ins Abenteuer des Lebens zu stürzen, zerbrechen sie sich den Kopf angesichts der unüberschaubaren Möglichkeiten, welche unsere Zeit uns bietet.

Man kann das jetzt als Luxusprobleme einer wohlstandsverwöhnten Generation abtun. Aber Probleme sind es. Sie lassen nicht wenige Menschen gerade an den Weichenstellungen des Lebens richtiggehend verzweifeln.

Eigentlich finden wir uns in einem regelrechten Entscheidungsmarathon wieder, der uns fast rund um die Uhr herausfordert, zwischen verschiedenen Optionen zu wählen. Psychologen schätzen, dass wir täglich etwa 20 000 Entscheidungen zu treffen haben. Etwa 95 % davon übernimmt unser Unterbewusstsein, sodass wir uns nicht aktiv mit dem Abwägen von Möglichkeiten herumschlagen müssen – aber der ins Bewusstsein dringende Rest belastet uns noch immer mit rund 1000 Entscheidungen, die jeden Tag auf uns warten![2]

Wer kennt nicht diese Momente, in welchen man verpeilt im Supermarkt steht:

Eigentlich wollte ich nur zwei, drei kleine Sachen besorgen. Brot, Äpfel, Klopapier. Und jetzt starre ich auf die endlos langen Regale, deren Fluchtpunkt sich im Jenseits zu verlieren scheint, vollbepackt mit den Segnungen unserer globalisierten Gesellschaft.

Holzofenbrote, Bagels und Ciabatta, Brotkränze und Brotstangen, Familien- und Partybrote ... Soll ich mir ein Gesundheitsbrötchen mit Sonnenblumenkernen und Kürbissamen leisten, oder gar ein Hipster-Brötchen mit Chiasamen und Goji-Beeren?

Ich beschließe, mir doch zuerst die Äpfel vorzunehmen. Aber auch hier: Optionen so weit das Auge reicht. Welche Sorte soll es denn sein? Boskop, Gravensteiner, Braeburn, Golden Delicious? Bio oder günstig? Einheimisch oder aus Übersee? Und wenn ausgerechnet die neuseeländischen bio sind?

Dass es mir das Klopapier nicht einfacher macht, ist mir schon klar. Wie viele Lagen sind empfehlenswert? Freuen sich die Kinder über Klopapier mit aufgedruckten Comicfiguren? Die Rollen mit Zimt-Duft sind gerade im Angebot ... aber will ich am Hintern nach Plätzchen riechen?

Es ist schon mehrmals vorgekommen, dass ich den Supermarkt schlussendlich mit leeren Händen wieder verlassen habe – oder aber mit einem ganzen Wagen voller Artikel, die nicht auf meiner Einkaufsliste gestanden haben ...

Was sich hier in kleinen Alltagsentscheidungen abzeichnet, steht für eine grundsätzliche Herausforderung, die sich uns im 21. Jahrhundert stellt:

Obwohl wir länger leben als irgendeine Generation vor uns, so ist das Leben doch zu kurz geworden, um alle Optionen zu prüfen und alle Möglichkeiten auszuloten, die uns vorgelegt werden.

Und während die Konsequenzen einer Fehlentscheidung beim Einkauf von Äpfeln oder Klopapier noch sehr überschaubar sind, so können sie im Blick auf die Wahl unseres Berufes, Wohnortes oder Partners den weiteren Kurs unseres Lebens entscheidend bestimmen und beeinträchtigen.

Treffender als der Umschlagstext des erwähnten Buchs von Nina Pauer wird man es nicht zusammenfassen können:

„Die Chance meiner Generation war schon immer gleichzeitig auch ihr Fluch: Alles ist möglich. Uns alle plagt die tiefsitzende Angst davor, uns falsch zu entscheiden. Was, wenn wir im Job, in der Liebe, im gesamten Lebensstil ein falsches Jetzt leben, das das richtige Später verhindert?"[3]

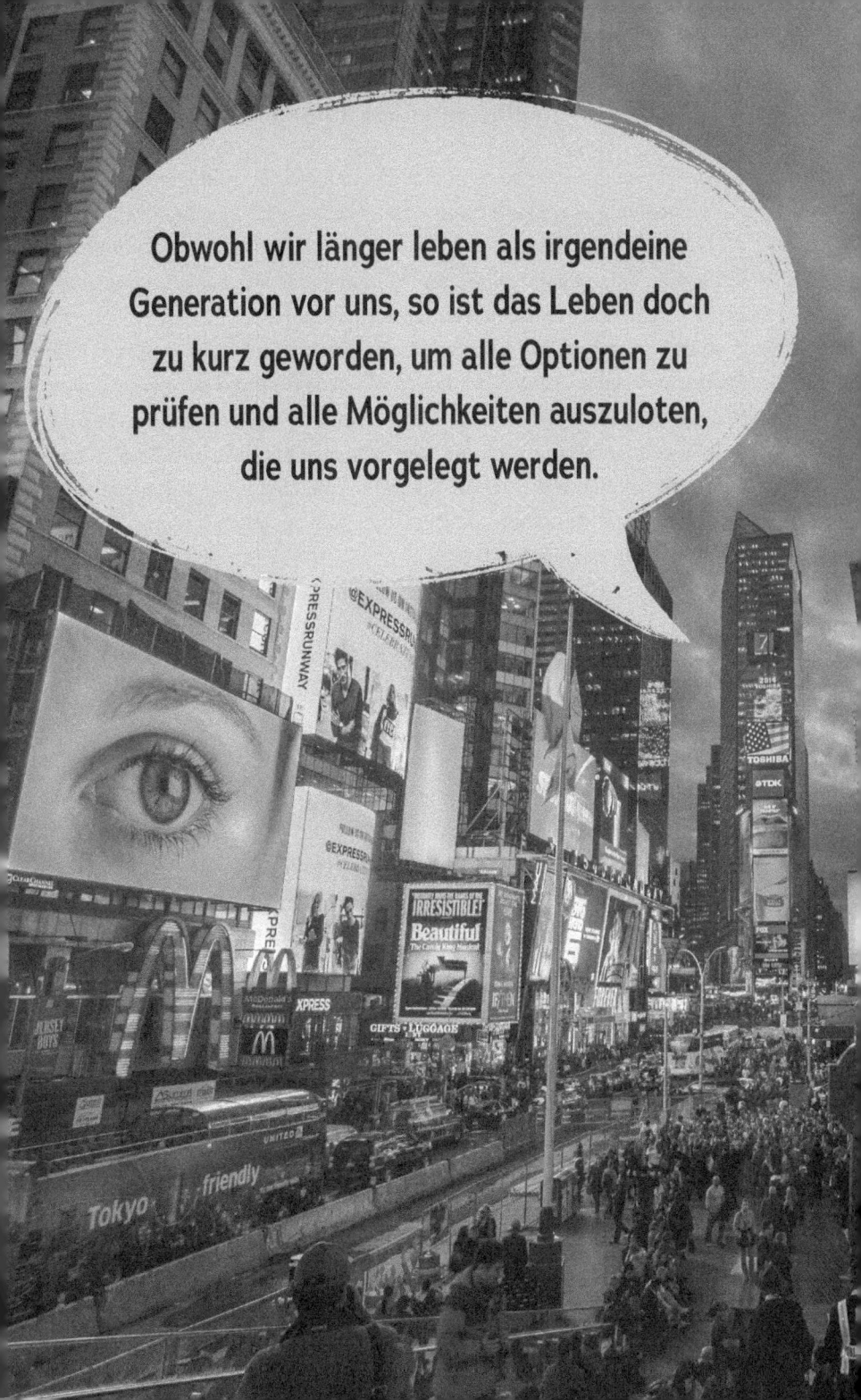

Verschlimmbesserungen

Bevor wir von hier aus so richtig in dieses kleine Buch starten, muss ich aber wohl ein wenig Erwartungsmanagement betreiben. Denn wer nach dieser Einleitung denkt, ich würde jetzt den christlichen Glauben als ultimative Entscheidungshilfe im Dschungel der Möglichkeiten unserer Zeit vorstellen, den muss ich leider enttäuschen.

Auch Christinnen und Christen stehen immer mal wieder ratlos vor den Regalen des Supermarktes, und auch sie ringen mit der Berufswahl oder Partnerwahl oft ganz gehörig. Nach jahrelanger Erfahrung als Pastor und Seelsorger drängt sich mir der Eindruck auf, dass das Treffen sowohl alltäglicher wie auch gewichtiger Entscheidungen den meisten jesusgläubigen Menschen nicht leichter fällt als allen anderen Gesellschaftsteilnehmern auch.

Ja, ohne abschrecken zu wollen, wird man sogar sagen müssen:

Manchmal macht der Glaube alles noch viel schlimmer.

Das gilt zumindest dann, wenn in einer christlichen Gemeinschaft viel davon gesprochen wird, den „Willen Gottes" für das eigene Leben zu finden und den „Plan Gottes" nicht zu verpassen. Dahinter steht die Vorstellung, unsere Biografie sei der Weg durch eine weit verzweigte Landkarte mit unzähligen Weggabelungen. Der Wille Gottes zieht sich wie ein roter Faden durch alle Verästelungen hindurch: *In jeder Situation des Lebens gibt es also genau einen richtigen Weg, eine korrekte Entscheidung, die uns im wunderbaren Plan Gottes weiterführt.*

Die christliche Jugendgruppe, in der ich aufgewachsen bin, hat mit großer Zuverlässigkeit mindestens einmal im Jahr einen Abend zur Frage „Wie erkenne ich Gottes Plan für mein Leben?" angesetzt. Auch das Thema „Wie entdecke ich meine Berufung?", und natürlich: „Wie finde ich den von Gott bestimmten Partner für mich?" waren hoch im Kurs.

Jeder wollte in Erfahrung bringen, was Gott sich für das eigene Leben gedacht hatte – und um jeden Preis vermeiden, „aus dem Willen Gottes herauszufallen", wie man damals zu sagen pflegte.

Manche sind mit dieser Vorlage erstaunlich gut zurechtgekommen. Sie haben sich selbst schnell überzeugen können, dass ihre Entscheidungen mit dem ewigen Plan Gottes übereinstimmen, und fühlten sich auf ihrem Weg dann umso bestärkter. Andere haben sich die Theologie des *einen* Planes Gottes zunutze gemacht und etwa versucht, ihre Jugendliebe mit dem Argument zu gewinnen: „Gott hat mir gezeigt, dass du die Frau meines Lebens bist!"

Viele aber sind unter dem Druck dieser Vorstellungen fast zerbrochen.

Sie sind beinahe verrückt geworden beim Gedanken daran, trotz aller Abwägungen und Gebete um die Führung Gottes doch den falschen Beruf zu wählen oder den falschen Partner zu heiraten. Die nötige Klarheit wollte sich bei ihnen einfach nicht einstellen.

Auch bereits gefällte Entscheidungen haben sie immer wieder angezweifelt: Was, wenn es doch nicht der richtige Weg war? Was, wenn ich mich nun jeden Tag mehr vom guten Plan Gottes entferne und schlussendlich im Abseits lande?

Darüber hinaus tun sich logische Abgründe auf: Wenn Kurt die Petra vielleicht gar nicht hätte heiraten sollen, dann stecken jetzt ja beide in einer von Gott nicht gewollten Ehe fest – und Petra steht für Hannes nicht mehr zur Verfügung, für den sie eigentlich bestimmt gewesen wäre. Hannes aber schnappt sich dann auch wieder die Falsche, und so löst eine einzige Fehlentscheidung eine tragische Kettenreaktion aus, die unzählige Menschen aus dem Plan Gottes herausfallen und mit ihrem Partner unglücklich werden lässt ...

Kurz: *Der Entscheidungsdruck, der Menschen in unserer Multioptionsgesellschaft belastet, wird mit einer solchen Theologie ins Unermessliche gesteigert.* Es stehen dann nicht nur die Konsequenzen einer schlechten Entscheidung auf dem Spiel – man kommt mit Fehlkäufen nach Hause, man findet sich in einem Beruf wieder, der einen nicht erfüllt, oder muss mit einem Partner zurechtkommen, für den man sich kein zweites Mal entscheiden würde –, sondern es geht dann um die noch viel grundsätzlichere Frage, ob man sich noch im Willen Gottes bewegt, ja, ob Gott überhaupt noch mit einem unterwegs ist!

Gott hat keinen Plan

Weil ich überzeugt bin, dass die oben skizzierten Vorstellungen in die Irre führen, möchte ich im Folgenden ein anderes Bild zeichnen.

Es ist tief inspiriert von den biblischen Erzählungen, die mich in den vergangenen Jahren neu überrascht und gepackt haben. Hier ist mir immer wieder ein Gott begegnet, der keine Fahrpläne verfolgt und unseren Lebensweg nicht mit einem roten Stift schon vorgezeichnet hat – der uns aber hineinnimmt in ein Abenteuer und uns nicht mehr von der Seite weicht.

Es ist ein Abenteuer, das dich nicht von dir selbst wegbringt, dich nicht von deinen Leidenschaften und Begabungen, deiner Persönlichkeit und deinen Träumen entfernt, sondern tiefer in sie hineinführt. Es ist *dein* Abenteuer – aber es ist zugleich Teil einer größeren Geschichte, die Gott mit dieser Menschheit schreibt.

Dabei geht es nicht darum, immer die *eine* richtige Entscheidung zu treffen und die *eine* richtige Weggabelung zu erwischen. Sondern darum, mit Gottes Gegenwart zu rechnen – auch dort, wo wir vor lauter Möglichkeiten paralysiert sind, oder dort, wo wir auf Abwege geraten.

Denn Gott ist nicht der große Souffleur im Theater dieser Welt, der uns in jeder Lebenslage seinen unzweifelhaften Willen ins Ohr flüstert.

Er ist nicht der alleinige Drehbuchschreiber, der uns von der Verantwortung befreit, auf gute Freunde zu hören, unseren Verstand zu gebrauchen und möglichst weise Entscheidungen zu treffen. Oder von der Verantwortung, zu unseren Entscheidungen zu stehen, auch wenn sie sich als problematisch erweisen sollten.

Aber er ist der Gott, der unser Leben mit all seinen Entscheidungen, mit allen Unwägbarkeiten und allem Scheitern in einen weiteren Horizont stellt, in eine umfassendere Geschichte einzeichnet.

In Predigten habe ich gerne gesagt: „Gott hat gar keinen Plan für dein Leben". Das provoziert und rüttelt die Zuhörerinnen und Zuhörer wach. Man müsste allerdings präzisieren: „Gott hat keinen Plan – aber er hat eine Menge guter Absichten!" Oder noch besser: „Gott hat nicht nur einen Plan für unser Leben – er hat ganz viele!"

Dieses kleine Buch ist in der Überzeugung geschrieben, dass Gott mit jedem Menschen noch viel Gutes vorhat. Mitten in den Unübersichtlichkeiten und Überforderungen unserer Zeit lädt er uns ein, mit unserem Leben an seiner großen Geschichte mitzuschreiben – und dabei unser eigenes Abenteuer zu entdecken.

1. Finde deine große Geschichte

Verkabelt für ein Abenteuer

Ich musste es einfach wissen. Ich musste unbedingt in Erfahrung bringen, was in unserem Sohn in diesem Moment vorging. Louan war damals gerade erst zwei Jahre alt, aber schon völlig begeistert von Bilderbüchern. Jeden Abend, wenn wir ihn ins Bett gebracht und mit ihm gebetet haben, wollte er unbedingt noch einige seiner Bücher anschauen. Wenn wir dann später in sein Zimmer gekommen sind, um das Licht zu löschen, lag er gewöhnlich – unter Verrenkungen, wie sie nur Kinder unbeschadet zustande bringen – entweder auf oder zwischen seinen Büchern. Ich bin darum immer davon ausgegangen, dass er beim Durchblättern eines Buchs irgendwann vom Schlaf übermannt wurde und ins Kissen gesunken ist.

An einem Abend habe ich dann durch den Türspalt ins Kinderzimmer gespäht; ich dachte, unser Sohn sei längst eingeschlafen. Zu meinem großen Erstaunen sah ich aber, dass er mit weit geöffneten Augen auf seinem Bett lag. Seine Hände hinter dem Kopf gefaltet wie ein deutscher Tourist am Badestrand, starrte er unentwegt an die Decke. Auf seinem Mund zeichnete sich ein zufriedenes Lächeln ab. Was war nur los mit unserem Sohn?

Am nächsten Abend die gleiche Szene: Wieder schaute ich unbemerkt in sein Zimmer, und wieder sah ich Louan, wie er lächelnd Löcher in die Decke starrte. Ich habe ihn lange beobachtet und mich gefragt, was in seinem kleinen Köpfchen wohl vorgeht. Was denkt ein zweijähriger Junge so kurz vor dem Einschlafen?

Abend für Abend habe ich ihn in derselben Pose ertappt, bis ich es irgendwann nicht mehr aushielt, in sein Zimmer platzte und geradeheraus fragte: „Worüber denkst du eigentlich nach, wenn du so im Bett liegst und einfach an die Decke starrst?" Prompt und strahlend antwortete unser Sohn: „Ich denke mir Geschichten aus!"

Aha!

Nach der abendlichen Lektüre ist unser Sohn also jeweils in seine Geschichten eingetaucht, um als Feuerwehrmann Sam einen Brand zu löschen, als Pinguin lebensgroße Fische zu fangen oder als Rennwagen Lightning McQueen einen Weltcup zu gewinnen.

Offenbar sehnt sich schon ein zweijähriger Junge danach, Teil eines Abenteuers zu werden ...

Und dann war da diese Hochzeit, die ich nie vergessen werde.

Wir haben die Braut seit mehreren Jahren gut gekannt und sind bis tief in die Schweizer Berge gefahren, um die Trauung mitzuerleben. Und es hat sich definitiv gelohnt.

Unsere Bekannte hat an diesem Tag ihrem langjährigen Freund das Jawort gegeben. Es war ihre erste partnerschaftliche Beziehung überhaupt, sie hat immer als Single gelebt, bevor sie mit ihrem jetzigen Bräutigam zusammengekommen ist.

Und sie war zum Zeitpunkt ihrer Heirat 65 Jahre alt.

Durch den Mittelgang schritt sie jetzt ihrem Geliebten entgegen: in einem schönen, sommerlichen Kleid, und mit einer frechen, pinkfarbenen Strähne im Haar. Ihr Zukünftiger empfing sie mit einem Freudenstrahlen, das sein Gesicht in tiefe Falten warf: Er selbst brachte es schon auf stattliche 75 Jahre.

Als der Pfarrer diesem betagten Brautpaar das Trauversprechen abnahm, da ergriff der Bräutigam gleich selbst das Mikrofon. Wie ein verliebter Teenager schaut er seiner Braut in die Augen und sagte mit leicht zittriger Stimme, aber voller Entschlossenheit: „Schatz, ich bin bereit! Ich breche mit dir zu neuen Ufern auf, ich will mit dir Pferde stehlen und das Abenteuer unseres Lebens beginnen – bist du dabei?" Und die Braut rief unter dem Jubel der Hochzeitsgesellschaft aus: „Ja, mein Schatz, ich bin dabei!"

Ein unbezahlbarer Moment: Sogar ein Pärchen im Rentenalter stellte sich noch auf Großes ein, ließ sich das Abenteuer des Lebens nicht nehmen.

Irgendetwas in uns scheint Teil einer größeren Geschichte sein zu wollen. Irgendwo in uns wohnt die Lust auf ein Abenteuer – die Sehnsucht nach einem Leben, das etwas bewegt und auch für andere zählt.

Sicher: Der Mensch hat auch eine bequemliche, träge, ambitionslose Seite. Die will einfach ihre Ruhe haben und „chillen", wie mir mein inzwischen vorpubertärer Sohn immer wieder klarmacht. Und natürlich gibt's das auch bei „älteren Semestern": die Sehnsucht, nicht behelligt zu werden und einen berechenbaren, bürgerlich-harmlosen Alltag genießen zu können.

Bei Menschen, die eine Familie gründen, lässt sich das immer wieder beobachten: Auf einmal interessiert sie dann nur noch, ob sie nachts halbwegs ohne Kindergeschrei durchschlafen können und ob der Briefträger morgens die Tageszeitung pünktlich ausliefert. Die holt man dann nämlich um halb sieben aus dem Briefkasten, grüßt die netten Nachbarn von Weitem und streicht dem Gartenzwerg am Hauseingang zärtlich über den Kopf. Nach dem Frühstück mit den Kindern fährt der Vater im Familienvan zur Arbeit, während die Mutter die Kinder für die Schule bereit macht und einen weiteren Tag im Haushalt beginnt. Sie freut sich unheimlich darauf, den neuen Staubsauger mit Mehrfachfilter und erhöhter Saugkraft endlich auszuprobieren, und auch ihr Mann ist auf der Fahrt zur Arbeit ein bisschen aufgeregt: Übers Wochenende haben alle Mitarbeiter seiner Abteilung neue Schaumgummi-Keile für die Bürostühle bekommen – da sitzt man wesentlich angenehmer und kann langfristig Rückenschmerzen vermeiden.

Und wer sich jetzt an der konventionellen Rollenverteilung stört, der kann Vater und Mutter in diesem Bild auch gerne tauschen. Das macht die Sache aber auch nicht spannender.

Wenn Herr und Frau Spießer dann allabendlich auf dem Sofa Platz nehmen, er mit einem Bier in der Hand und sie mit der Fernbedienung – dann könnte man schon fast glauben, dass es der Mensch auch ganz ohne Abenteuer aushält. Dass er auch mit einem unaufgeregten, völlig überraschungslosen Leben glücklich wird ...

Aber nur, bis die Frau sich plötzlich aufrechter hinsetzt und aufgeregt ruft: „Es beginnt gleich, es fängt gleich an ...!" Der Mann setzt sein Bier ab, und gebannt starren sie auf ihren neuen Breitbild-Fernseher, während die Zusammenfassung der letzten Episode von „Stranger Things", „Vikings" oder „Grey's Anatomy" gezeigt wird.

Oder, etwas gruseliger und auch nach vielen Staffeln nicht totzukriegen (Wortspiel beabsichtigt): „The Walking Dead" (und ihre Spin-Offs).

Oder natürlich eines der Superhelden-Epen aus dem Marvel- oder DC-Universum – „Loki", „Marvels Agents of S.H.I.E.L.D.", „Supergirl", „Daredevil" (kleine Empfehlung am Rande!) – hier wimmelt es geradezu von neuen Figuren und ihren Abenteuern. Von „The Mandalorian" und anderen Produktionen aus dem Star-Wars-Kosmos haben wir noch gar nicht gesprochen. Man bräuchte 10 Leben, um sich das alles reinzuziehen.

Und das ist doch erstaunlich:

Eine ganze Unterhaltungsindustrie mit astronomischen Umsätzen ist Tag und Nacht damit beschäftigt, sich neue Geschichten auszudenken, die uns packen:

Geschichten in TV-Serien, Kinofilmen, Romanen und Computergames – Geschichten aus der Vergangenheit, der Zukunft oder der Gegenwart, Geschichten in der realen Welt oder in fiktiven Sphären, dramatische, gruselige oder humorvolle Geschichten, kinderfreundliche oder verruchte Geschichten – auf jeden Fall aber Geschichten, die den Konsumenten wenigstens für eine Zeit lang etwas Nervenkitzel verschaffen und in eine abenteuerliche Erzählung entführen.

Und wir lieben das! Auch und gerade in der westlichen Wohlstandsgesellschaft, die auf Sicherheit und Vorhersehbarkeit bedacht ist, verschafft sich die Abenteuerlust des Menschen ihren Ausdruck – selbst, wenn er dabei nur Zaungast einer Geschichte aus der Konserve ist. *Die*

Sehnsucht, in eine größere, bedeutsame Erzählung einzutauchen, scheint uns in die Wiege gelegt zu sein und ist nur schwer zu verdrängen.

Der Startschuss

Ich möchte versuchen, dir in diesem kleinen Buch in drei Anläufen ein Bild vor Augen zu malen – das Bild eines unvergleichlichen Abenteuers, in welchem du tatsächlich eine entscheidende Rolle spielst!

Dazu setze ich so grundsätzlich an, wie es nur geht – nämlich bei Gott selbst. Lass uns mal ernsthaft fragen: *Ist es denkbar, dass wir unsere Sehnsucht nach einer großen Geschichte von Gott selbst haben?* Was wäre, wenn wir geschaffen und berufen sind, Teil einer atemberaubenden Geschichte zu sein, die sich über Jahrhunderte und Jahrtausende erstreckt?

Was wäre, wenn Gott unsere Seele für ein Abenteuer verkabelt hat ... weil er selbst ein Abenteurer ist?

Wenn wir die Bibel ganz am Anfang aufschlagen, begegnet uns die berühmte Erzählung der Erschaffung von Himmel und Erde. Gott ruft in diesem ersten Kapitel des Alten Testaments das ganze Universum ins Leben – er knipst das Licht an im dunkeln Weltall, setzt die Sterne an den Himmel und lässt auf unserem Planeten Leben entstehen: Pflanzen, Bäume, Fische und Vögel, Tiere, welche die Erde erfüllen – und auf dem Höhepunkt dieser Erzählung setzt Gott zum Geniestreich an:

„Jetzt wollen wir den Menschen machen, unser Ebenbild, das uns ähnlich ist' [...]
So schuf Gott den Menschen als sein Abbild, ja, als Gottes Ebenbild; und er schuf sie als Mann und Frau." (1. Mose 1,26-27)

Zum krönenden Abschluss seines Schöpfungswerkes erschafft Gott den Menschen zu seinem Ebenbild, man könnte auch sagen: zu seinem persönlichen Gegenüber! Was hier passiert, ist so wichtig, dass uns die Bibel quasi noch eine Nahaufnahme des Geschehens nachliefert: Wir finden im zweiten Kapitel der Bibel nämlich einen zweiten Schöpfungsbericht, der ganz auf den Menschen einzoomt – bzw. auf das, was zwischen Gott und dem Menschen hier geschieht:

„Da nahm Gott, der HERR, etwas Staub von der Erde und formte daraus den Menschen." (1. Mose 2,7)

Diese Beschreibung fasziniert mich immer von Neuem.

Der Schöpfer des Universums, der im ersten Kapitel so machtvoll und majestätisch den Kosmos ins Leben ruft, begegnet uns hier noch einmal von einer ganz anderen Seite. Die Kommentatoren dieses Textes sind sich weitgehend einig, dass wir hier in die Arbeit eines Töpfers hineingenommen werden: Gott kommt mitten in seine Schöpfung hinein, kniet sich auf den Boden, nimmt Staub (oder Lehm) von der Erde auf und formt daraus den Menschen. Er ruft den Menschen nicht aus Distanz in Existenz, er bringt ihn nicht durch sein Machtwort hervor, nein: *Er begibt sich vielmehr auf Augenhöhe, legt selbst Hand an und gestaltet den Menschen in persönlicher Kleinarbeit – ein Kunstwerk aus den Händen des Schöpfers selbst!*

Und dann, im direkten Gegenüber zu seinem Geschöpf, hält Gott – so stelle ich es mir zumindest vor – mit beiden Händen den Kopf dieses Staubgebildes, vielleicht so wie eine Mutter den Kopf ihres Kindes liebevoll zwischen ihre Hände nimmt, und schaut ihm in die Augen – und dann lesen wir:

„[Und Gott] blies ihm den Lebensatem in die Nase. So wurde der Mensch ein lebendiges Wesen." (1. Mose 2,7)

Stell dir diese einzigartig intime, persönliche Szene vor, die in diesem poetischen Text ausgemalt wird: *Der Mensch schlägt seine Augen zum ersten Mal auf – und schaut direkt ins Angesicht seines Schöpfers.* Er ist zu Gottes Gegenüber geschaffen, „nach seinem Ebenbild", heißt es vorher –

und mit diesem Moment startet ein Abenteuer zwischen Gott und Mensch, eine echte, interaktive Geschichte.

Eben darum heißt es unmittelbar nach der Erschaffung des Menschen zum Ebenbild Gottes:

„Und Gott [...] sagte zu ihnen: ‚Seid fruchtbar und vermehrt euch. Bevölkert die Erde ...‘" *(1. Mose 1,284)*

Zum ersten Mal in der Bibel spricht Gott hier nicht ins Leere, um aus dem Nichts etwas hervorzubringen, auch nicht zum Wasser, der Erde oder dem Himmel, um diese Räume zu beleben, sondern zu einem persönlichen Gegenüber: Der Schöpfer redet *mit seinem Geschöpf*, er startet ein Gespräch, das sich im nächsten Kapitel fortsetzt und auch dem Menschen die Gelegenheit gibt, Gott selbst anzusprechen. Ja, mehr noch: Gott vertraut dem Menschen alle anderen Lebewesen in ihren verschiedenen Lebensräumen an, um für sie zu sorgen! Er setzt den Menschen als königlichen Verwalter über der Schöpfung ein und gibt ihm den Auftrag, eine Zivilisation hervorzubringen und auf der Erde auf Entdeckungsreise zu gehen ...

Die Schöpfung ist mit anderen Worten die Szene für eine Erzählung geworden, in der sowohl Gott als auch der Mensch eine authentische Rolle ausfüllen. Hier wird eine atemberaubende Geschichte ins Rollen gebracht, ja: ein echtes Abenteuer gestartet!

Ich betone das, weil besonders jene Christen, welche die Schöpfungsberichte als buchstäbliches „Ereignisprotokoll" lesen, oft eine unheimlich statische Vorstellung von Gottes „ursprünglicher Schöpfung" pflegen. Manche sprechen sogar vom sogenannten „Urzustand".

(Vgl. hierzu auch *„Ein bisschen Theologie – Schöpfung: Urzustand oder Abenteuer"* auf den Seiten 32-33).

Das klingt sehr definitiv und starr – nach einem Zustand halt. Als ob Gott den Menschen in ein bereits vollkommenes Schlaraffenland gestellt hät-

Ein bisschen Theologie

SCHÖPFUNG: „URZUSTAND" ODER ABENTEUER?

Manche Christen lesen die biblischen Schöpfungsberichte als Beschreibungen eines *vollkommenen, unveränderlichen „Urzustandes"*. Alles ist fertiggestellt und mit dem göttlichen Prädikat „(sehr) gut" versehen (1. Mose 1,10.12). Das erste Menschenpaar wird mitten in den Überfluss der Schöpfung hineingesetzt und darf fortan im Segen Gottes schwelgen. Zumindest gewisse populäre Vorstellungen des paradiesischen Gartens sind dabei nicht weit von der Idee eines *Schlaraffenlandes* entfernt, in dem die (veganen?) Würstchen an den Bäumen wachsen und die Menschen in kindlicher Lebensfreude ihr Dasein fristen.

Die Bibeltexte selbst geben aber Anlass für eine viel *dynamischere (und realistischere) Deutung*. Hier wird nicht ein statischer „Urzustand" beschrieben, sondern der Beginn eines *Projektes voller Potenzial*. Alles ist in Bewegung, die ersten Pflanzen brechen durch die Erdoberfläche, Tiere bevölkern Erde, Luft und Meere, die Menschen werden vom Schöpfer persönlich angesprochen und mit der Aufgabe betraut, als Gegenüber des lebendigen Gottes eine neue Geschichte zu schreiben.

Das *„(sehr) gut"*, das Gott über seiner Schöpfung ausspricht, zeigt nicht an, dass alles schon perfektioniert wäre und es eigentlich nichts mehr zu tun gäbe. *Vielmehr spricht es von einem gelungenen Start in ein spannendes Unterfangen:* etwa so, wie wenn man alle Utensilien für eine abenteuerliche Reise auf seinem Bett ausbreitet. Wenn man dann ein letztes Mal drüberschaut und feststellt, dass nichts vergessen wurde, dann mag man auch ausrufen: „Sehr gut!" Damit meint man dann aber: „Alles ist dabei – das Abenteuer kann losgehen!"

Der springende Punkt der Geschichte Gottes mit dem Menschen besteht jedenfalls nicht darin, möglichst nahe an den „sündlosen Urzustand" zurückzukommen. Die biblischen Erzählungen zeichnen die Vision einer Reise *von Eden nach Zion* – oder, wie man auch sagen könnte –, *vom paradiesischen Garten hin zur himmlischen Stadt.* Gott schreibt zusammen mit dem Menschen ein Abenteuer, das in der unverbrüchlichen Gemeinschaft des Schöpfers mit seinen Geschöpfen seine Vollendung findet. In diesem Sinne malt uns Johannes in den letzten beiden Kapiteln der Bibel vor Augen, wie sich die Stadt Gottes auf die Erde senkt (Offenbarung 21-22). Gott wird unter den Menschen Wohnung nehmen, alles Leid überwinden und sie seine Söhne und Töchter nennen (Offenbarung 21,3-7). *Das ist mehr als die Wiederherstellung eines ursprünglichen Schöpfungszustandes: Hier wird eine lange und wendungsreiche Geschichte zwischen Gott und Mensch besiegelt – und zugleich eine ganz neue Geschichte der Liebe begonnen.*

te, in dem es eigentlich nichts mehr zu tun gibt, außer die Früchte des Gartens zu genießen und den Sonnuntergang zu bestaunen. Und wenn wir's nicht vermasselt hätten, dann würden wir uns noch heute unsterblich unter den Bäumen fläzen und die Schmetterlinge zählen ...

Das ist aber gerade nicht, was uns die biblischen Berichte nahelegen. *Nein, in den ersten Kapiteln der Bibel knistert es vielmehr in der Luft. Hier soll sich etwas Dynamisches und Interaktives ereignen – unsere Welt ist ein Projekt in Bewegung, ein Unterfangen mit einem gewaltigen Entwicklungspotenzial – und wir Menschen sind mittendrin!*

Gott macht uns zu seinen Gefährten und sucht unsere Beteiligung an der Geschichte der Schöpfung – das wird übrigens noch in der Schöpfungserzählung selbst durch eine erstaunliche Begebenheit deutlich, die wir gerne überlesen. Als nämlich Gott nach dem Bericht von 1. Mose 2 den Menschen geformt und ihm die Verantwortung für sein Leben in der Schöpfung bewusst gemacht hatte, da lesen wir:

„Er [Gott] brachte alle Landtiere und Vögel, die er aus dem Erdboden geformt hatte, zu dem Menschen, um zu sehen, wie er sie nennen würde. Genau so sollten sie dann heißen.
Der Mensch betrachtete die Tiere und benannte sie." (1. Mose 2,19-12)

Moment mal. Das klingt ja so, als ob sich Gott vom Menschen überraschen lassen könnte – als ob er tatsächlich gespannt abwartet, welche Namen der Mensch all den Kreaturen geben würde, die er bei ihm vorbeischickt. Gott „brachte sie zu dem Menschen, um zu sehen, wie er sie nennen würde", heißt es hier. Das hebräische Wort für „sehen" an dieser Stelle kann sogar ausdrücklich die Bedeutung von „entdecken" oder „herausfinden" haben, was den Eindruck noch verstärkt, dass Gott hier dem Menschen erlaubt, ihn mit seinen Ideen, mit seinem Reden und Handeln zu erstaunen.

Oder, um es etwas grundsätzlicher auszudrücken:

Gott ermächtigt den Menschen, mit ihm zusammen eine noch unbestimmte Zukunft hervorzubringen.

(Vgl. hierzu auch „Ein bisschen Theologie – Allwissenheit: Weiß Gott alles?" auf den Seiten 36-37)

Eine Geschichte mitzuschreiben, die nach allem, was wir in der Bibel lesen, auch für Gott eine echte Geschichte ist – das ist kein abgekartetes Spiel, kein Theaterstück, das nach einem vorgefertigten Drehbuch abläuft, nicht nur eine Folge von Ereignissen, welche Gott schon im Voraus festgelegt hat und jetzt einfach abspult, wie man eine DVD einlegt und „Play" drückt ...

Nein: Die Schöpfung im Allgemeinen und die Erschaffung des Menschen im Besonderen sind der Startschuss für ein Abenteuer, in das sich Gott selbst hineinbegibt.

Gott sucht nach uns

Jetzt kennen wir aber natürlich die Fortsetzung der Geschichte.

Dass der Mensch der biblischen Erzählung nach die Tierchen benennen darf, ist ja durchaus rührig – aber wir wissen auch, dass er dann die nächste Gelegenheit nutzt, sich von seinem Schöpfer abzuwenden. Der Mensch verweigert Gott sein Vertrauen und stellt sich ihm entgegen (1. Mose 3) – danach geht's steil bergab mit den „Ebenbildern Gottes". Noch bevor die Geschichte so richtig abgehoben hat, stürzt sie schon in ungeahnte Tiefen.

Die ganze sogenannte „Urgeschichte" (die ersten elf Kapitel der Bibel) beschreibt in immer neuen Eskalationsstufen die Rebellion des Menschen gegen Gottes gute Absichten und den Rückfall der Schöpfung

Ein bisschen Theologie

ALLWISSENHEIT: WEISS GOTT ALLES?

So wie die Aussage „Gott kann alles!" eine populäre Kurzdefinition der Allmacht Gottes ist, so könnte man die Allwissenheit Gottes im Satz zusammenfassen: *„Gott weiß alles."* (vgl. den Text „Allmacht", S. 72f.)

Und wieder könnten wir nachbohren: Heißt das also, es lässt sich keine Frage formulieren, die mit „Weiß Gott ..." beginnt, auf die wir mit „Nein, das weiß er nicht!" antworten müssten? *Was genau ist mit anderen Worten in diesem „alles" enthalten, das Gott weiß?*

Die Antwort darauf scheint nahe liegender zu sein als im Falle der Allmacht. Es geht bei der Allwissenheit ja nicht um die Frage nach der Summe dessen, *was Gott wissen kann*, sondern nach der Summe dessen, *was Gott tatsächlich weiß.* Während Gott in seiner Allmacht nicht notwendigerweise alles *tut*, was er tun könnte, *weiß er* in seiner Allwissenheit aber notwendigerweise alles, was es zu wissen gibt – und das ist natürlich *alles, was wahr ist.*

Es schränkt Gottes Allwissenheit demnach nicht ein, zu sagen: Gott weiß nicht, dass ein Papagei auf meiner Schulter sitzt – solange nicht tatsächlich ein Papagei auf meiner Schulter sitzt. Die Aussage „Es sitzt ein Papagei auf meiner Schulter" entspricht schlicht nicht der Wahrheit, darum ist Gottes „Unkenntnis" davon auch keine Einschränkung seiner Allwissenheit. Man kann das auch abkürzen und einfach festhalten: *Gott kann sich nicht irren.*

Es ist nun allerdings keineswegs ausgemacht, *wie es um die Wahrheit von Ereignissen steht, die noch gar nicht eingetreten sind.* Ist es jetzt schon wahr, dass sich morgen ein Papagei auf meine Schulter setzen wird – auch wenn ich noch unentschlossen bin, ob ich den Zoo überhaupt besuchen möchte?

Wie man darauf antwortet, hängt entscheidend vom eigenen *Verständnis der Zukunft* ab. Steht die Zukunft als definitiver Ereignisverlauf eigentlich schon fest, aber wir kennen sie als begrenzte Wesen einfach (noch) nicht? Dann dürfen wir davon ausgehen, dass sie Gott längst in allen Einzelheiten bekannt ist. Begreifen wir die Zukunft dagegen als einen „Baum" offener Möglichkeiten, dann kann sie auch nur als solcher bekannt sein: Gott selbst kennt die Zukunft dann nicht im Sinne eines für ihn schon eindeutigen Ereignisverlaufes, sondern im Sinne eines weitverzweigten Systems möglicher (und mehr oder weniger wahrscheinlicher) Ereignisverläufe.

Dabei geht es *nicht um eine Einschränkung der Allwissenheit Gottes*, sondern um eine Qualifizierung dessen, was überhaupt gewusst werden kann: Der Streitpunkt ist nicht die Frage, ob Gottes Wissen vollkommen ist, sondern die Frage nach der Realität, auf welche sich Gottes vollkommenes Wissen bezieht. Eine ganze Reihe von Theologinnen und Theologen bekennen darum überzeugt die Allwissenheit Gottes und halten auch daran fest, dass Gott die Zukunft kennt – aber eben *als das, was die Zukunft gegenwärtig tatsächlich ist*, nämlich die Realität offener Möglichkeiten. Einige dieser Möglichkeiten werden im Zuge der Geschichte Gottes mit dem Menschen aktualisiert. *Dann* sind sie geschlossene Fakten – vorher waren sie offene Möglichkeiten.

ins Chaos. *Das „Abenteuer Menschheit" wird bald zum Horrortrip.* Der erste Mord passiert in Kapitel 4 – Kain erschlägt seinen eigenen Bruder – ab dann jagen sich Vergeltungstaten, Missbrauch, Ungerechtigkeit und Schandtaten Kapitel für Kapitel, und noch bevor man mit der Lektüre bei Abraham angelangt ist, fragt man sich ernsthaft:

Warum nur hat sich Gott das angetan? Wieso hat er die ganze Geschichte ins Rollen gebracht – was genau hat er sich davon versprochen?

Ja, was nur …

Jesus ist einmal von den Schriftgelehrten seiner Zeit – den Experten für Fragen um Gott und den Glauben – nach dem wichtigsten Gebot Gottes gefragt worden. Welche der Bestimmungen, die uns von Mose überliefert sind, steht über allen anderen? Jesus antwortet ohne Zögern mit einem Vers aus dem 5. Buch Mose:

> *„‚Du sollst den Herrn, deinen Gott, lieben von ganzem Herzen, mit ganzer Hingabe und mit deinem ganzen Verstand.'*
>
> *Das ist das erste und wichtigste Gebot. Ebenso wichtig ist aber ein zweites: ‚Liebe deinen Mitmenschen wie dich selbst.'*
>
> *Alle anderen Gebote und alle Forderungen der Propheten sind in diesen beiden Geboten enthalten."* (Matthäus 22, 37-40)

Das ist eine bemerkenswerte Aussage: In dem Gebot, Gott zu lieben – und aus dieser Beziehung zu Gott heraus auch die Menschen zu lieben – ist alles enthalten, was das Gesetz und die Propheten fordern. Wörtlichere Übersetzungen sagen: „Daran hängt das ganze Gesetz und die Propheten".

Lass dir das mal auf der Zunge zergehen:

Das *Gesetz*, also die jüdische Thora, hält Gottes Willen, Gottes Absicht mit seinem Volk (und in einem weiteren Sinne mit der ganzen Menschheit) fest, und die *Propheten* rufen das rebellische Volk Gottes (und in einem weiteren Sinne die ganze Menschheit) zurück zu diesem ursprünglichen Willen, dieser eigentlichen Absicht Gottes – und Jesus sagt:

Alles, was Gott mit dem Menschen vorhat, lässt sich darin zusammenfassen: „Liebe Gott von ganzem Herzen, mit ganzer Hingabe …!" Und dann: „Liebe deine Mitmenschen wie dich selbst."

Das ist es, was Gott im Sinn hat, wenn er in der Schöpfungsgeschichte vor diesem Lehmhaufen kniet, den Menschen formt und ihm den Atem des Lebens einhaucht: Er sucht die Liebe dieses Geschöpfs! Er will mit diesem Menschen – mit uns! – in eine lebendige Beziehung treten, er sucht unsere Nähe, unsere Gemeinschaft, unsere Zuwendung!

Wenn Gott also mit der Schöpfung ein Abenteuer beginnt, das erste Kapitel einer großen Geschichte aufschlägt, dann tut er das nicht aus Langeweile, weil er ein bisschen Unterhaltung braucht. Dann tut er das nicht aus Experimentierfreude, weil er mal schauen will, was passiert, wenn man den Menschen auf die Schöpfung loslässt …

Nein: *Gott schafft den Menschen zu seinem „Ebenbild", als sein Gegenüber, um seine Liebe mit ihm zu teilen – er schafft uns mit dem Potenzial und in der Absicht, seine Weggenossen zu werden – ja: seine Freunde zu sein.*

Der Rabbiner Joshua Abraham Heschel (1907–1972), einer der größten jüdischen Gelehrten des letzten Jahrhunderts, hat den berühmten Satz geprägt:

„Die ganze Menschheitsgeschichte kann darin zusammengefasst werden: Gott ist auf der Suche nach dem Menschen."

Ich bin überzeugt, dass er damit tatsächlich das Herz der Sache trifft – oder besser: Das Herz Gottes beschreibt.

Gott ist auf der Suche nach dem Menschen.

Auch in einer Welt, die aus den Fugen geraten ist, bleibt seine Absicht bestehen: Er will die Liebe des Menschen gewinnen und ein gemeinsames Abenteuer mit ihm schreiben.

Dieses doppelte Motiv zieht sich tatsächlich durch die ganze Bibel hindurch:

Gott geht dem Menschen nach, wendet sich ihm zu, begegnet ihm persönlich. Der Mensch wiederum lässt sich (im besten Fall) auf die Begegnung mit Gott ein und öffnet sich für seine Nähe – und damit kommt etwas Geheimnisvolles in Gang zwischen Schöpfer und Geschöpf:

Der Mensch wird an der Geschichte Gottes mit dieser Welt beteiligt!

Das spiegelt sich im verworrenen und wendungsreichen Weg, den uns die Erzählung der Bibel entlangführt. Gott zieht hier nicht einfach „sein Ding" durch: Er spricht uns an und sucht nach unserer Antwort. Er spielt uns den Ball zu und wartet auf unsere Reaktion. Er macht den Verlauf der Ereignisse von unserer Beteiligung mit abhängig, macht uns zu Mitautoren seiner Geschichte mit der Schöpfung! Der Schöpfer von Himmel und Erde nimmt uns nach wie vor ernst als seine persönlichen Gegenüber – und er beginnt, eine verirrte Menschheit wieder für sich zu gewinnen …

Mit Gott lässt sich verhandeln

Jener Gott, der auf der Suche nach dem Menschen ist, begegnet eines Tages Abraham und macht ihm klar: Mit dir will ich meine Geschichte weiterverfolgen. Ich werde aus dir ein ganzes Volk hervorgehen lassen und durch deine Familie die ganze Menschheit segnen – man könnte auch sagen: Ich möchte durch deine Nachkommen die Menschen wieder mit mir in Berührung bringen und ihr Herz wieder zurückgewinnen …

Gott spielt Abraham den Ball zu – und dieser lässt sich darauf ein und wird (wortwörtlich) zum Verbündeten Gottes. Er gibt Gott mit seinem Leben eine Antwort, und Gott nimmt ihn als seinen Partner ernst. Hier wird eine gemeinsame Geschichte geschrieben, zu der Abraham selbst seinen Teil beiträgt.

Das wird unter anderem deutlich in einer ziemlich eigenartigen Erzählung, in welcher Abraham mit Gott zu feilschen beginnt wie auf einem orientalischen Markt (1. Mose 18). Es geht um das Schicksal von Sodom und Gomorra: In diesen beiden Städten wurde die Ungerechtigkeit so himmelschreiend, dass Gott gewissermaßen selbst die Hoffnung verliert und dem Ort seinen Rücken zuwenden will.

Aber Abraham stellt sich Gott entgegen und tritt mit ihm in Verhandlungen: Nein, Gott, lass diese Städte noch nicht los – schau doch zuerst, ob du 50 Bewohner findest, die noch nicht verdorben sind und das Gute hochhalten ...

Und Gott lässt sich darauf ein.

Da realisiert Abraham, dass er vielleicht etwas zu hoch gepokert hat, und er revidiert seine Forderung: 45 gerechte Bewohner sollten doch eigentlich auch reichen, schlägt er Gott vor.

Und sie einigen sich auf 45.

Beschwingt vom Erfolg seiner Verhandlungen versucht es Abraham mit einer Mindestzahl von 40 Leuten – und auch damit erklärt sich Gott noch einverstanden. Doch Abraham lässt noch immer nicht locker: Er handelt Gott auf 30, auf 20 und schließlich auf nur zehn gottesfürchtige Bewohner herunter, welche ausreichen würden, um das Unheil über der Region abzuwenden.

Nun weckt diese Begebenheit natürlich eine ganze Reihe theologischer Fragen, auf die wir hier nicht eingehen können – aber was sich auf jeden Fall festhalten lässt, ist die Bereitschaft Gottes, sich auf einen echten Dialog, ja sogar auf eine ganz kuriose Feilscherei mit seinem Weggefährten Abraham einzulassen:

Gott gibt Abraham eine Stimme – nicht nur im akustischen, sondern auch im „politischen" Sinne: Er erlaubt ihm, ihn zu beeinflussen.

Er sucht im Menschen einen echten Partner, der ihm gegenübertritt – und der seine Liebe ernst genug nimmt, um sie anderen gegenüber auch einzufordern ...

Das wird auch in der Fortsetzung der Geschichte immer wieder deutlich:

Der Gott, der auf der Suche nach dem Menschen ist, begegnet viele Jahrhunderte später dem Israeliten Mose. Mose ist Teil dieses Volkes, das aus dem Stammvater Abraham hervorgegangen ist.

Gott überrascht ihn beim Hüten der Schafe und spielt ihm einen außerordentlich großen Ball zu – einen geistlichen Medizinball, gewissermaßen: Mose soll die Nachkommen Abrahams aus der ägyptischen Gefangenschaft in die Freiheit führen – ja mehr noch: Er soll das Volk Israel wieder in die Nähe Gottes bringen.

Das ist ein interessantes Detail der Berufungsgeschichte des Mose, das wir nicht überlesen sollten: Gott schickt Mose zum Pharao mit der Bitte, sein Volk ziehen zu lassen, damit die Israeliten ihren Gott in der Wüste anbeten können (2. Mose 3,12.18; 5,3; 7,16). Oder, wie der Text an einer Stelle sagt: um mit Gott „ein Fest zu feiern" (2. Mose 5,1).

Gott will sein Volk befreien, um es wieder für sich zu gewinnen.

Die monumentale Geschichte, die sich im Folgenden abspielt, malt uns Gottes Sehnsucht nach der Nähe des Menschen ganz plastisch vor Augen: Gott reißt die Israeliten aus den Händen des Pharaos, um mit ihnen dann buchstäblich durch die Wüste zu ziehen und mitten in ihrem Lager zu campieren ... Der Herr von Himmel und Erde wohnt in einem Zelt unter den Menschen! Könnte Gott noch deutlicher machen, wie ernst ihm die Gemeinschaft mit dem Menschen ist?

Von Mose heißt es dann sogar:

„Der HERR redete mit Mose im direkten Gespräch, wie ein Mensch mit seinem Freund." (2. Mose 33,11[5])

Es verschlägt mir immer wieder die Sprache, wenn ich diese Worte lese.

Hier wird in verblüffender Nüchternheit von der Freundschaft zwischen Schöpfer und Geschöpf gesprochen – und wohlgemerkt: Es heißt nicht nur, dass *Mose* mit Gott gesprochen hätte wie mit einem Freund (sodass im Blick auf die Angemessenheit solcher Rede noch Zweifel bestehen könnten ...) – nein: Wir lesen, dass *Gott* mit Mose wie mit einem Freund gesprochen hat ...

Mit anderen Worten: *Der Urheber des Universums anerkennt Mose als einen Freund.*

Und als ein Freund tritt ihm Mose auch immer wieder gegenüber.

Mose schreibt einen eigenen, aktiven Teil an dieser Geschichte mit – und was wir vorhin bei Abraham gesehen haben, das begegnet uns bei Mose gleich mehrmals: dass sich Gott nämlich durch den Glauben und das Gebet von Mose umstimmen lässt.

Besonders wenn Gottes Weg an der Widerspenstigkeit seines Volkes zu scheitern droht und Gott schon dabei ist, sich von Israel wieder abzuwenden – die Texte sprechen vom Gericht oder der Strafe Gottes –, dann wirft sich Mose dazwischen und bittet um eine weitere Chance für die Israeliten, ihre Geschichte mit Gott weiterzuschreiben. (Beispiele dafür finden sich zum Beispiel in 2. Mose 32,14 oder 4. Mose 11,1-2).

Das passiert so oft, dass man unweigerlich den Eindruck gewinnt, Gott würde geradezu damit rechnen und darauf warten, dass Mose sich einschaltet und seinen Teil zur Geschichte beiträgt – und Gott nimmt ihn ernst!

Mose bewegt Gottes Herz und bringt ihn dazu, seine Pläne zu ändern ...

Gott ist ziemlich beeinflussbar

Und genau das sehen wir dann bei den Propheten ständig.

Noch einmal ein paar Jahrhunderte später ist dieser Gott, der auf der Suche ist nach dem Menschen, noch immer mit seinem Volk unterwegs. Zwar nicht mehr wörtlich: Die Israeliten sind inzwischen im verheißenen Land angekommen und haben ihre Zelte gegen Häuser aus Stein eingetauscht. Aus dem ehemaligen Sklavenvolk ist ein Königtum geworden – allerdings eines, das nicht nur von allen Seiten bedroht wird, sondern auch von innen heraus gefährdet ist: Israel beweist eine hartnäckige Tendenz, Gott zu vergessen und sich selbst ins Abseits zu spielen. Immer wieder muss Gott darum um das Vertrauen seines Volkes ringen und es an seine Verheißungen erinnern.

Und er tut dies durch eine ganze Reihe von sogenannten „Propheten".

Das sind keine Wahrsager und Hellseher, wie der Name vielleicht erwarten ließe. Nein: *Die Propheten sind Gottes Verbündete, durch die er den Israeliten begegnet und neu um ihr Herz wirbt. Oft sprechen die Propheten dabei tatsächlich von der Zukunft – aber sie kündigen nicht einfach an, was unabänderlich geschehen wird, sondern sie legen dem Volk Gottes gewissermaßen verschiedene Zukunftsszenarien vor.*

In vielen prophetischen Texten ist das offensichtlich:

Jeremia, Jesaja, Hesekiel und ihre zahlreichen Berufskollegen kündigen dem Volk immer wieder den überfließenden Segen Gottes an und sprechen, etwas „theologischer" ausgedrückt, vom *Heil*, das auf sie wartet, *wenn* sie sich auf diesen Gott einlassen, der hier um sie wirbt. Und nicht selten unmittelbar nach solchen „schönen" Texten blicken die Propheten dann voraus auf eine düstere Zukunft, oder eben auf das *Unheil*, das Israel erwartet, *wenn* sie sich von Gott abwenden und aus seinem Segen heraustreten.

Hier geht es gerade nicht darum, dass Gott seinen vorgefertigten Fahrplan für die Zukunft offenbart, sondern vielmehr, dass Gott den Menschen den Ball zuspielt und ihnen klarmacht, dass der Ausgang des Spiels mit ihrem eigenen Einsatz zu tun hat – mit ihrer Beteiligung an der Geschichte, die Gott mit ihnen schreibt!

> *Gott macht durch die Propheten deutlich, dass er uns nach wie vor als seine Gegenüber ernst nimmt. Wir sind nicht einfach Beobachter von Gottes Absichten für die Zukunft – wir sind diejenigen, die an der Verwirklichung dieser Absichten beteiligt werden ...*

Das ist auch sicher der Grund, warum wir gerade in den Prophetenbüchern eine erstaunliche Reihe von „vielleicht"-Aussagen *aus dem Munde Gottes* finden.

Man könnte ja denken, dass diese Vokabel nicht zum Wortschatz des Schöpfers gehört – ein Gott braucht nie „vielleicht" zu sagen, weil er ja keine Unsicherheiten kennt. Aber trotzdem zitieren die Propheten des Alten Testaments ihren Gott gleich an mehreren Stellen in dieser Weise:

Hesekiel etwa wird von Gott beauftragt, das Volk Israel vor der Verbannung nach Babylon zu warnen – in der ausdrücklichen Hoffnung, dass dann „diesem widerspenstigen Volk *vielleicht* die Augen aufgehen" (Hesekiel 12,3).

Vielleicht?

Ganz ähnlich bei Jeremia: Der Prophet wird in einer Erzählung nach Jerusalem in den Tempel geschickt, um dort mit den Besuchern zu reden – und Gott selbst äußert dabei die Erwartung, dass die Leute dieses Mal „*vielleicht* darauf hören und von ihren falschen Wegen umkehren" (Jeremia 26,3).

„Vielleicht" werden sie umkehren, sagt Gott – aber ob sie *tatsächlich* umkehren, das liegt bei den Menschen, die von Gott hier angesprochen werden.

Und in dieser Hinsicht gibt es auch für Gott immer wieder Überraschungen. Das prominenteste Beispiel dafür ist wohl die Geschichte von Jona.

Hier wird der Prophet von Gott beauftragt, nach Ninive zu gehen und dort den sicheren Untergang dieser heidnischen Großstadt anzukündigen. Die abgrundtiefe Bosheit ihrer Bewohner scheint Gott keinen anderen Ausweg gelassen zu haben (Jona 1,1-2 – und dann wieder: Jona 3,1-2). Nun braucht es bekannterweise einiges, bis Jona sich erwärmen lässt, diese Schreckensbotschaft auch wirklich auszurichten – aber nach einer stürmischen Bootsfahrt und einem sagenhaften Unterwasserausflug ist er so weit: Der Prophet Gottes zieht durch die Stadt und macht der Bevölkerung klar:

„Noch vierzig Tage, dann legt Gott Ninive in Schutt und Asche!"
(Jona 3,4)

Jawohl. Da ist keine Rede mehr von einer Wahl zwischen verschiedenen offenen Optionen, sondern nur noch die unmissverständliche Voraussage dessen, was passieren wird: Diese Stadt wird dem Erdboden gleichgemacht. Punkt.

Aber dann geschieht das Unerwartete.

Die Bewohner Ninives sehen ihre Schuld ein und wenden sich kollektiv dem lebendigen Gott zu! Eine ganze Stadt bittet Gott um Gnade – sogar den Tieren, heißt es, werden Trauerkleider angezogen: So bitterernst war es ihnen mit ihrer Umkehr (Jona 3,5-8).

Und das wiederum lässt Gott nicht unbeeindruckt:

„Als Gott sah, dass sie von ihren schlechten Wegen umgekehrt waren, bedauerte er, dass er ihnen Unheil angekündigt hatte und verschonte sie." (Jona 3,10⁶)

Ist das nicht bemerkenswert? Gott lässt sich durch die überraschende Gesinnungsänderung dieser Menschen *selbst* zu einer Gesinnungsänderung hinreißen. Obwohl er den Untergang der Stadt prophezeien lässt, verschont er sie schließlich.

(Vgl. hierzu auch *„Ein bisschen Theologie – Reue Gottes: Ändert Gott seine Meinung?"* auf den Seiten 52-53)

Allerdings sehr zum Ärger des Propheten. Jona ist stinksauer, weil er wegen Gottes Planänderung die versprochenen hollywoodmäßigen Special Effects verpasst. Und er beschwert sich auf unnachahmliche Weise:

„Ich wusste es doch: Du bist ein gnädiger und barmherziger Gott. Deine Geduld ist groß, deine Liebe kennt kein Ende. Du lässt dich umstimmen und strafst dann doch nicht." (Jona 4,2)

Einmal abgesehen von der Komik dieser Situation – der Prophet beschwert sich über die Güte und Nachsicht seines Auftraggebers! – sollten wir spätestens an dieser Stelle auf die Bremse treten und staunend festhalten:

Der Gott, den die Bibel beschreibt, lässt sich vom Menschen bewegen, einen scheinbar unabänderlichen Entschluss noch einmal umzustürzen.

Er lässt damit seine eigenen prophetischen Ankündigungen unerfüllt bleiben und riskiert den Vorwurf der Inkonsequenz (welchen Jona auch prompt erhebt).

Ausgerechnet die prophetischen Texte der Bibel, welche für viele Christen der beste Beweis dafür sind, dass Gott mit dieser Welt einen festgesetzten Plan verfolgt, bezeugen in Tat und Wahrheit gerade das Gegenteil: Sie erzählen von der erstaunlichen Flexibilität Gottes im Umgang mit seinen Geschöpfen – und von seiner Bereitschaft, uns einen entscheidenden Part zum Gang der Ereignisse beitragen zu lassen.

Dahinter steht, wie Jona sehr richtig erkennt, die unermüdliche Liebe Gottes zum Menschen. Gott sucht in uns das Gegenüber, zu dem er uns von Anfang an erschaffen hat – er sucht unsere Nähe und unsere Beteiligung an einer Geschichte gegenseitiger Liebe.

Und er will durch jene Menschen, die auf seine Liebe antworten, auch den Rest der Menschheit für sich zurückgewinnen ...

Wir sind gefragt

Das wird nirgends so deutlich wie im Leben von Jesus Christus.

Jesus ist der ultimative Beweis dafür, dass Gott keine Hürde zu hoch und kein Weg zu weit ist, um uns nahe zu kommen.

Wenn uns schon der Weg Gottes mit seinem Volk erstaunt hat – dass Gott bereit war, inmitten der Stämme Israels zu zelten, um in ihrer Nähe zu sein –, wie viel mehr reiben wir uns dann die Augen, wenn wir sehen, wie Gott uns in Fleisch und Blut auf den staubigen Straßen Galiläas entgegenkommt?

Jesus ist die menschgewordene Sehnsucht Gottes nach einer Begegnung mit dem Menschen auf Augenhöhe. Hier „zeltet" Gott *als Mensch* unter uns: So könnte man die berühmte Aussage aus dem Prolog des Johannesevangeliums auch übersetzen:

„Das Wort wurde Mensch und lebte („zeltete") unter uns."

Und Johannes fährt fort:

„Wir selbst haben seine göttliche Herrlichkeit gesehen, wie sie Gott nur seinem einzigen Sohn gibt. In ihm sind Gottes vergebende Liebe und Treue zu uns gekommen." (Johannes 1,14)

Dieser Jesus verkörpert wortwörtlich Gottes unerschöpfliche Liebe zum Menschen. In ihm blicken wir ins Gesicht Gottes höchstpersönlich; ja, durch die Augen dieses jüdischen Zimmermanns schauen wir mitten in Gottes Herz. Und es ist ein Herz, das immer noch für seine verirrten und eigensinnigen Geschöpfe schlägt.

Das Leben von Jesus ist Liebe in Aktion, Liebe mit Händen und Füßen: mit Füßen, die zu Menschen hingehen, die zerbrochen und hoffnungslos sind, und mit Händen, welche sie wieder aufrichten. Mit Füßen, welche an den Verachteten und Übersehenen gerade nicht vorbeigehen, sondern vor ihnen haltmachen, und mit Händen, die ihre Tränen abwischen und sie umarmen. Und schließlich: mit Händen und Füßen, die an einem römischen Kreuz von Nägeln durchbohrt werden – und mit Augen, die uns anschauen und sagen:
Du bist mir so viel wert, dass ich mein Leben für dich hingebe!
Nie zuvor ist die Menschheit einer solchen Liebe begegnet.

Reden wir von einem Gott, der auf der Suche nach dem Menschen ist: Hier, in Jesus Christus, geht er direkt auf uns zu.

Menschen, die sich auf ihn einlassen, sind nie mehr dieselben. Die kompromisslose Liebe von Jesus verändert Menschen von innen heraus, stellt ihr ganzes Leben auf den Kopf ... oder besser: endlich wieder auf die Füße. Frauen und Männer entdecken nämlich ein neues Leben in der Gegenwart von Jesus – diese Menschen werden nicht nur zu einem Zeichen dafür, dass es ein Leben *nach* dem Tod gibt, sie werden vielmehr zuerst zum Zeichen dafür, dass es ein Leben *vor* dem Tod gibt – ein Leben in Verbindung mit dem Schöpfer, in dieser Bestimmung, für die uns Gott überhaupt erst erschaffen hat ...

Diese Dynamik, die uns schon im Alten Testament auf Schritt und Tritt begegnet – ein Gott, der uns nicht allein lässt, sondern sich uns zuwendet, und Menschen, die sich auf diese Begegnung einlassen und an Gottes Geschichte beteiligt werden –, diese Dynamik steht uns im Leben von Jesus unübertrefflich klar vor Augen.

Gott schreibt seine Geschichte mit uns!

Warum sonst beginnt Jesus seinen öffentlichen Dienst mit der Berufung von Weggefährten? *Kaum ist er getauft und in seinen Dienst eingesetzt, kaum hat ihn der Vater als seinen Sohn bestätigt und der Geist Gottes mit Kraft erfüllt, macht sich Jesus auf ...*

... und sucht sich ein paar Freunde.

Noch bevor Jesus sich als vollmächtiger Prediger und Wundertäter einen Namen macht und seinen Reisedienst durch die Dörfer und Städte Galiläas antritt, schart er eine Gruppe von Menschen um sich. In ihrer Gemeinschaft verbringt er den Rest seines (kurzen) Erdenlebens. Mit ihnen *zusammen* macht er sich auf die Suche nach dem Menschen und wagt die kommenden Abenteuer. Unter ihrer Beteiligung wendet er sich den Menschen zu und zeigt ihnen die tatkräftige Liebe Gottes. Schon als der Sohn Gottes noch leibhaftig unter den Menschen wohnt, redet er zu den Menschen *durch die Worte seiner Jünger*, geht er *durch die Füße seiner Jünger* auf die Verlorenen zu und berührt *durch die Hände seiner Nachfolger* die Kranken (vgl. etwa Matthäus 10).

Der Gott, der auf der Suche ist nach dem Menschen, findet uns in Jesus Christus und beteiligt uns unmittelbar an dieser Suche!

Und so steht Jesus nach seiner Auferstehung vor seinen fassungslosen Jüngern. Kurz zuvor noch haben sie den Tod ihres Freundes und Herrn beklagt und gedacht, alle Hoffnung wäre verloren. Aber da geht er ihnen wieder entgegen – er ist es wirklich, dieser Mensch, in dem uns Gott selbst begegnet! – und er hat seinen Jüngern etwas Wichtiges zu sagen:

„Ich habe von Gott alle Macht im Himmel und auf der Erde erhalten. Deshalb geht hinaus in die ganze Welt und ruft alle Menschen dazu auf, meine Jünger zu werden! Tauft sie auf den Namen des Vaters, des Sohnes und des Heiligen Geistes! Lehrt sie, alles zu befolgen, was ich euch aufgetragen habe. Ihr dürft sicher sein: Ich bin immer bei euch, bis das Ende dieser Welt gekommen ist!" (Matthäus 28,18-20)

Wir sollten uns nicht zu schnell an diese bekannten Worte gewöhnen.

Was als der sogenannte „Missionsauftrag" in den frommen Wortschatz eingegangen ist, ist eigentlich eine beispiellose Würdigung des Menschen als Verbündeter Gottes: Jesus beteiligt hier zwei Handvoll Jünger an seiner Mission für die Menschheit. Er beruft seine Nachfolger zu nichts weniger, als mitten in einer zerbrochenen Welt an der Verwirklichung von Gottes Absichten mit der Schöpfung teilzuhaben!

Nach den biblischen Schöpfungsberichten gibt Gott den ersten Menschen den Auftrag, als seine Ebenbilder und Repräsentanten die ganze Erde zu erfüllen (1. Mose 1,28) – hier gibt Jesus seinen Freunden den Auftrag, als seine Nachfolger und Stellvertreter die ganze Erde zu erfüllen, und zwar mit der Nachricht und der Kraft der Liebe Gottes!

Der entsprechende Bericht im Markusevangelium hebt diesen Zusammenhang besonders hervor. Jesus entlässt seine Jünger an dieser Stelle mit den Worten:

„Geht in die ganze Welt und verkündet der ganzen Schöpfung das Evangelium!" (Markus 16,15[7])

Ein bisschen Theologie

REUE GOTTES: ÄNDERT GOTT SEINE MEINUNG?

Es hat viele beim Lesen der Bibel immer wieder verstört, dass an zahlreichen Stellen *von der Reue oder vom Gesinnungswandel Gottes* die Rede ist. Und zwar nicht irgendwo am Rand, in obskuren Ausnahmetexten, sondern gerade an *zentralen Wendepunkten* der Geschichte Gottes mit den Menschen.

So etwa zu Beginn der Erzählung von der großen Flut. Hier blickt Gott auf die Bosheit und Verdorbenheit der Menschen – und bereut es bitterlich, sie überhaupt erschaffen zu haben (1. Mose 6,6f). Gewissermaßen umgekehrt läuft die Sache dann in der Geschichte vom goldenen Kalb: Gott verspricht Mose, sein Volk für ihren Götzendienst mit dem Tod zu bestrafen – aber nachdem Mose um die Verschonung Israels gebetet hat, bereut Gott seine unheilvollen Absichten und verschont sein Volk vor dem Gericht (2. Mose 32,14). In der Geschichte des ersten Königs für Israel bereut Gott dann seine Entscheidung zur Krönung Sauls, weil dieser sich in seinem Amt offensichtlich nicht bewährt (1. Samuel 15,11.35). Positiv überrascht scheint Gott dagegen von der Bevölkerung der Stadt Ninives zu werden: nach der Bußpredigt des Propheten Jona wenden sich alle Bewohner dem Gott Israels zu, worauf dieser die Ankündigung ihrer Vernichtung unerfüllt bleiben lässt (Jona 3,9f).

Das sollten wir uns schon einmal auf der Zunge zergehen lassen: *Die Bibel mutet uns an mehreren Schlüsselstellen einen Gott zu, der im Angesicht aktueller Entwicklungen seine eigenen Vorsätze zurücknimmt oder sein eigenes Handeln bedauert!*

In der Geschichte der Theologie hat man sich an diesen Stellen dann auch regelmäßig die Zähne ausgebissen. Manche Kommentatoren und Auslegerinnen der Bibel lesen elegant über diese Texte hinweg – andere erklären, dass Gott hier natürlich *nicht beschrieben wird, wie er eigentlich ist*. In Wirklichkeit kann Gott selbstverständlich nichts bereuen, weil er ja unveränderlich ist und die ganze Geschichte der Menschheit immer schon „von oben" im Blick hat. Die Frage ist aber natürlich, woher man so genau wissen will, wie Gott wirklich und eigentlich ist, und wie man diese eigenartigen Texte also auf keinen Fall verstehen sollte.

Wer die Geschichte Gottes mit Israel und der Gemeinde betrachtet – durch alle Irrungen, Sackgassen und Extrarunden hindurch –, kommt jedenfalls nicht so schnell auf die Idee, dass alles nach einem geradlinigen und vorgefassten göttlichen Plan abläuft, den Gott von Anfang an aus der Perspektive zeitloser Ewigkeit im Blick hatte. Vielmehr drängt sich der Eindruck auf, dass *Gott die Menschen ernst genug nimmt, um sich von ihrem Handeln beeinflussen und mancherorts sogar zur Reue bewegen zu lassen.*

In der Jonaerzählung wird die Reue Gottes darum als eine wesentliche Qualität Gottes beschrieben und in seiner Liebe begründet:

„Ich wusste, dass du ein gnädiger und barmherziger Gott bist, langsam zum Zorn und groß an Güte, und einer, der sich das Unheil gereuen lässt" (Jona 4,2).

Eben weil Gott die Menschen so am Herzen liegen, lässt er sich immer wieder umstimmen …

Was hier passiert, das betrifft die ganze Schöpfung – das hat zu tun mit dem eigentlichen Motiv Gottes, überhaupt ein Universum hervorzubringen, in dem eine Menschheit ihren Platz findet. Die Sendung der Jünger knüpft mit anderen Worten an der Geschichte an, die Gott bei der Erschaffung unseres Planeten zu schreiben begonnen hat – eine Geschichte, in der sich Gott nach dem Menschen ausstreckt und seine Gemeinschaft sucht ...

Diese Welt auf den Kopf stellen

Was daraus entsteht, verschlägt nicht nur den Beteiligten, sondern auch den Beobachtern die Sprache.

Dieses unscheinbare Grüppchen mit frisch gebackenen Jüngern von Jesus wird vom Geist Gottes erfüllt und folgt dem Auftrag, Menschen in allen Winkeln der Erde mit der Liebe Gottes in Berührung zu bringen. Aus einer obskuren Gemeinschaft von „Jesusleuten" in einem vergessenen Teil des Römischen Reiches wird bald eine revolutionäre Bewegung.

Durch ihr Leben begegnen Menschen aus allen Nationen und Bevölkerungsschichten dem lebendigen Gott. Sie werden befreit von Gebundenheiten und geheilt von Krankheiten. Sie erfahren Vergebung ihrer Schuld und empfangen eine Hoffnung, die nicht von dieser Welt ist. Sie werden radikal verändert und verleihen der Liebe Gottes mit ihrem eigenen Leben Hände und Füße ...

Wie ein Lauffeuer verbreitet sich die Botschaft dieses Gottes, der die Menschen genug liebt, um mitten unter sie zu kommen und sogar sein Leben für sie hinzugeben.

Hunderte, Tausende schließen sich den Jesusnachfolgern an und werden Teil dieser Bewegung. Schon zu Zeiten der Apostelgeschichte können Außenstehende darum sagen, als Paulus und seine Mitarbeiter in ihre Gegend kommen:

„Diese, die den ganzen Erdkreis aufgewiegelt haben, sind auch hierher gekommen ..." (Apostelgeschichte 17,6⁸).

Das ist kaum als Kompliment gedacht gewesen.

Aber es macht umso deutlicher, welche umstürzende, lebensverändernde Kraft in der Gemeinschaft von Menschen steckt, die sich von der Liebe Gottes ergreifen lassen und bereit sind, seine Geschichte mit der Menschheit weiterzuschreiben.

Heute nennen wir das Ganze „Kirche".

Und leider hat die kirchliche Christenheit in unseren Breitengraden einiges an „revolutionärem Flair" eingebüßt. Wer das Wort „Kirche" hört, denkt meist an ein Gebäude, oder aber an eine alles andere als revolutionäre Institution.

Manche erinnern sich vielleicht an Schandtaten, die im Namen der Kirche oder des Christentums verübt wurden und das Gegenteil dessen sichtbar machen, was Jesus seinen Jüngern vorgelebt hat. Im Blick auf die Gegenwart haben Bewohner der westlichen Welt aber vor allem eine ebenso harmlose wie wirkungslose Einrichtung vor Augen. Menschen, die eine private christliche Religiosität pflegen und an den Sonntagen die unzähligen Kirchen- und Gemeindehäuser bevölkern – oder vielleicht eher: deren erste Sitzreihen nicht völlig leer lassen ...

Da mag einiges dran sein.

Aber wir sollten uns nicht vorzeitig zähmen lassen.

Was Jesus mit seinem Leben angestoßen hat, hat bis heute die Kraft, das Leben von Menschen von Grund auf zu verändern und auf die Gesellschaft einzuwirken.

Auch die Kirche im 21. Jahrhundert ist von Gott berufen und befähigt, als revolutionäre Gemeinschaft den Himmel aufzureißen und die Dunkelheit dieser Welt zu durchbrechen.

Jesus selbst ruft uns das zu. Er sagt ja zunächst von sich selbst: „Ich bin das Licht der Welt. Wer mir nachfolgt, wird nicht mehr in der Finsternis umherirren, sondern wird das Licht des Lebens haben." (Johannes 8,12)

Das kennen wir. Auch den Jüngern damals war das vertraut. Schließlich hat der Prophet Jesaja Jahrhunderte vorher schon die Verheißung ausgesprochen, dass Gott durch eine messianische Figur einmal „Licht in die Finsternis" bringen wird (Jesaja 9,1). Es muss für die Anhänger von Jesus durchaus stimmig gewesen sein, dass ihr Meister diese prophetischen Worte nun auf sich bezieht. Ja, das haben sie selbst erlebt: Dieser Jesus hat es tatsächlich hell werden lassen in ihrem Leben.

In der sogenannten „Bergpredigt" hat Jesus allerdings die Nerven, seinen Nachfolgerinnen und Nachfolgern in die Augen zu schauen und ihnen ausdrücklich zuzusprechen:

„Ihr seid das Licht, das die Welt erhellt. Eine Stadt, die oben auf einem Berg liegt, kann nicht verborgen bleiben.

Man zündet ja auch keine Öllampe an und stellt sie dann unter einen Eimer. Im Gegenteil: Man stellt sie auf den Lampenständer, sodass sie allen im Haus Licht gibt.

Genauso soll euer Licht vor allen Menschen leuchten. Dann werden sie eure guten Taten sehen und euren Vater im Himmel preisen."
(Matthäus 5,13-16)

Was Jesus an anderer Stelle für sich in Anspruch nimmt, das bezieht er hier ganz unverfroren auf seine Anhänger:
Ihr seid das Licht der Welt. Echt jetzt: *Wir?*

Uns ist nicht überliefert, wie die Jünger auf diesen Zuspruch reagiert haben. Grund zur spontanen Schnappatmung hätte aber auf jeden Fall bestanden. Denn Jesus macht seine Jünger – und uns mit ihnen! – damit zu Teilhabern seiner messianischen Berufung.

Er lässt es hell werden in unserem Leben, und dann beruft er uns, diese Welt erstrahlen zu lassen!

Das, was in unserem Leben mit Jesus Christus in Berührung gekommen ist, soll nicht verborgen bleiben, sondern „allen im Haus Licht geben". Wir würden uns selbst wohl kaum auszusprechen trauen, was Jesus hier in aller Nüchternheit festhält:

Jenes Kapitel der Menschheitsgeschichte, das Gott mit der Menschwerdung seines Sohnes aufgeschlagen hat, findet seine Fortsetzung durch unser Leben!

Wenn heute also reichlich unaufgeregt von der „Kirche" die Rede ist, dann sollten wenigstens wir Christen uns daran erinnern, welche atemberaubende Bedeutung Jesus dieser „Einrichtung" zumisst und welche Verheißung er seinen Nachfolgern mitgibt ...

Loslaufen

Lass mich das alles zuspitzen anhand eines der eindrücklichsten und kompaktesten Abschnitte der ganzen Bibel zu diesem Abenteuer, das Gott mit dem Menschen eingegangen ist – er findet sich im Hebräerbrief, in den Kapiteln 11 und 12. Ich werde auf diesen Text später zurückkommen – hier geht es mir um seinen krönenden Abschluss:

Der (unbekannte) Verfasser des Hebräerbriefes ermutigt seine Empfänger, am Glauben an Jesus Christus festzuhalten – und er schaut darum zurück auf die atemberaubende Geschichte, die Gott mit Männern und Frauen des Glaubens schon geschrieben hat.

Hebräer 11 gibt uns einen Crashkurs in Bibelkunde Altes Testament – der Text beginnt mit der Erinnerung an den Bericht von der Erschaffung von Himmel und Erde, und beschreibt dann in groben Zügen all die verschiedenen Biografien, die Gott mit Menschen geschrieben hat, die sich auf ihn eingelassen haben: die dramatische Rettungsaktion mit Noah, die Geschichte von Abraham, der mit Gott in ein fremdes Land gezogen ist, von seiner Frau Sarah, die im hohen Alter noch einen Sohn gebar, die

Geschichte von Isaak, Jakob und Joseph, dann natürlich das Schicksal von Mose, der sein Volk aus Ägypten befreit und durchs Meer läuft, von den Richtern und Königen und Propheten, welche an Gott festgehalten haben und das Volk Israel zu ihm zurückrufen wollten ... *Ein einzigartiger Rückblick auf die Helden und Heldinnen des Glaubens, die uns vorausgegangen sind und Teil der Geschichte Gottes wurden.*

Und dann der furiose Höhepunkt des Textes:

„Wie Zuschauer im Stadion die Wettkämpfer anfeuern, so sind diese Zeugen des Glaubens Vorbilder für unseren Kampf. Darum wollen wir alles ablegen, was uns in diesem Kampf behindert, vor allem die Sünde, die uns immer wieder fesseln will. Mit zäher Ausdauer wollen wir auch noch das letzte Stück bis zum Ziel durchhalten.

Dabei wollen wir nicht nach links oder rechts schauen, sondern allein auf Jesus." (Hebräer 12,1-2[9])

Wow.

Der Verfasser verwendet hier ein bemerkenswertes Bild: Das Leben in der Gemeinschaft mit diesem Gott, das Leben als Teil dieser Geschichte, die Gott schreibt, ist wie ein Wettlauf. Ein Rennen in einer Arena.

Schon damals sind Tausende in den antiken Stadien zusammengekommen und haben sich einen Platz in den Zuschauerrängen gesichert – um einen Blick auf die Sportler zu gewinnen, die da auf der Rennbahn starteten. Schon damals haben die Leute den Läufern zugejubelt, sind sie vor Begeisterung aufgestanden und haben ihre Favoriten angefeuert ...

Und genau diese bekannte Szene greift der Hebräerbrief auf, um unsere Situation zu beschreiben: Wir sind im Rennen unseres Lebens – und all die Frauen und Männer des Glaubens, die vor uns ihren Lauf beendet haben, sitzen im Publikum: „Wie Zuschauer im Stadion die Wettkämpfer anfeuern, so sind diese Zeugen des Glaubens Vorbilder für unseren Kampf."

Stell dir das einmal plastisch vor.

Abraham lehnt sich über die Brüstung und ruft uns mit aller Kraft zu: „Rennt, Nachfolger von Jesus, gebt euch die Sporen! Ihr tragt die Verheißung weiter, die Gott mir gegeben habt ...“

Seiner Frau Sarah ist das alles noch zu brav – sie denkt sich: Wenn ich in meinem Alter noch ein Kind gebären konnte, dann werde ich es auch noch aufs Geländer dieser VIP-Tribüne schaffen. Darum zieht sie sich am Fahnenmast hoch und schreit aus voller Kehle: „Gebt nicht auf, meine Freunde, gebt nicht auf!“

Mose steht direkt neben ihr. Er streckt seinen Stab hoch in die Luft und ermutigt uns: „Lauft, wie wir mit Gott durchs geteilte Meer gelaufen sind – lasst euch nicht abschrecken und nicht aufhalten ...“

Auch David verliert seine königliche Fassung und ruft mit markerschütterndem Bariton: „Vorwärts, ihr Lieben! Ihr könnt euch später zur Ruhe setzen: Jetzt ist Zeit für einen neuen Weltrekord ...!“

Und alle Propheten des Alten Testaments zünden bunte Rauchpetarden und bilden einen mächtigen Vuvuzela-Chor dazu ...

Ok, vielleicht ist die Fantasie etwas mit mir durchgegangen – aber das ist etwa das Bild, das der Hebräerbrief hervorruft:

Wir sind Teil eines Rennens, das lange vor uns begonnen hat; wir schreiben eine Geschichte weiter, für welche die großen Frauen und Männer der Bibel schon Jahrtausende vor unserer Zeit ihr Leben gegeben haben – und jetzt schauen sie gebannt auf uns und feuern uns an in unserem Lauf im 21. Jahrhundert!

Zuschauen bringt's nicht

Weißt du, in welchem Moment das Leben als Christ seinen Reiz verliert und der Glaube zu einer Passivmitgliedschaft wird? Weißt du, an welchem Punkt die Kirche von einer revolutionären Bewegung zu einer langweiligen Institution mutiert, welche nicht mehr das Feuer der Vergangenheit weiterträgt, sondern nur noch die Asche unserer Vorfahren verwaltet?

Genau dann, wenn diese Rollen vertauscht werden.

Wenn wir auf der Zuschauertribüne Platz nehmen. Wenn wir anfangen, den Heldinnen und Helden des Glaubens zuzuklatschen und uns von ihren Geschichten unterhalten zu lassen, anstatt selbst diese Geschichte weiterzuschreiben ...

Dann lassen wir uns begeistern von den Abenteuern, welche unsere Vorfahren bestritten haben – jeden Sonntag kommen wir zusammen und erinnern uns in den Gottesdiensten an diese atemberaubenden und haarsträubenden Stories, und unter der Woche lesen wir in der Bibel von all dem, was diese Frauen und Männer mit Gott erlebt haben:

Von Abraham, der seine kleine Welt verlassen hat und eine ungewisse Reise angetreten hat, um ein Segen zu werden für andere Menschen – und wir hören davon und ergötzen uns an seinem Mut: „Bravo Abraham, gut gemacht!"

Uns entgeht aber, dass Abraham uns anschaut und erwidert: „Jetzt du!"

Und dann hören wir von Mose, der mit einem Sklavenvolk vor dem Roten Meer steht und von den Sklaventreibern verfolgt wird – wie er den Glauben findet, dieses Meer zu teilen und Menschen in die Freiheit zu führen ... und wir sind tief beeindruckt: „Großartig, Mose, wie du diese Menschen befreit hast, sie in ein neues Leben geführt hast ...!"

Dabei überhören wir völlig, wie Mose uns zuruft: „Aber jetzt du!"

Oder wir stoßen auf die Geschichte von Rahab – einer Prostituierten in der Stadt Jericho, welche die israelitischen Botschafter bei sich aufnimmt und sich auf die Seite des Volkes Gottes schlägt. Eine Frau mit einer zerbrochenen Lebensgeschichte, mit einer geschundenen Seele und einem missbrauchten Körper, die doch die Stärke findet, das Richtige zu tun ... Unsere Begeisterung für sie haut uns aus den Socken: „Super gemacht, Rahab – lass deine Verletzungen und deine Vergangenheit nicht bestimmen, wer du in Zukunft bist!"

Und wir rufen so laut, dass wir Rahabs Antwort überhören: „Und jetzt du!"

Und dann natürlich Jesus selbst: Was für ein Leben, was für eine Hingabe, was für eine Geschichte! Mit welchen Augen nehmen wir das Leben von Jesus wahr – mit den Augen eines begeisterten Zuschauers, oder mit den Augen eines Läufers, der von Jesus das Laufholz in die Hand gedrückt bekommt? Nachdem der Sohn Gottes seinen Lauf vollendet hat – nachdem er der Liebe Gottes Hände und Füße verliehen und sein Leben hingegeben hat aus Liebe zu den Menschen ... nach all dem steht er nach seiner Auferstehung wieder vor seinen Jüngern – und er schaut ihnen liebevoll und eindringlich in die Augen und sagt:

„Jetzt ihr!"

Jetzt beginnt euer Lauf. Ich werde euch begleiten, ich werde euch nie verlassen bis ans Ende der Welt – aber jetzt ist eure Zeit, diese Welt auf den Kopf zu stellen! Jetzt ist eure Zeit, Menschen in Berührung zu bringen mit der Liebe Gottes und sie zu gewinnen für die ursprüngliche Absicht des Schöpfers mit der Schöpfung: ein Gegenüber des lebendigen Gottes zu werden, in Gemeinschaft mit ihm zu leben!

Ich befürchte, dass hier ein großer Teil der Tragik des Christentums in der westlichen Welt liegt: Wir haben uns an die gepolsterte Zuschauertribüne gewöhnt – und sind nicht mehr am Start für das eigentliche Rennen.

Ganze Generationen wandern ab aus den Kirchen, weil sie nicht mehr den Eindruck gewinnen, dass sie hier Teil einer größeren Geschichte werden, Teil einer revolutionären Bewegung – sie bekommen nicht mehr das Gefühl, dass sie hier mit ihrem Leben wirklich etwas bewirken können.

Darum ziehen sie sich lieber zurück oder suchen sich ihr eigenes Abenteuer ...

„Jetzt ihr!"

Unsere Fangemeinde

Wir sind nicht zum Klatschen geboren – wir sind zum Laufen berufen.
Gott schreibt eine Geschichte mit dieser Schöpfung, mit dieser Menschheit, mit seiner Kirche, und wir sind mit unserem Leben Teil dieser Geschichte. Wir sind Teil *desselben* (!) Abenteuers, dem wir in der Bibel begegnen: All diese Männer und Frauen sind uns vorausgelaufen und feuern uns jetzt an:
Lass dich nicht aus dem Rennen werfen!
Und wenn du dann am Montag wieder eine neue Arbeitswoche beginnst – und du sitzt wieder an deinem Schreibtisch und starrst den blinkenden Cursor auf deinem Monitor an, vielleicht steigst du auch ins Geschäftsauto, um einen Kunden zu besuchen, oder du legst einmal mehr in der Werkstatt deine Werkzeuge zurecht für ein neues Tagewerk ... und du fragst dich, ob das jetzt alles ist. Irgendwie fühlt es sich nach einer kleinen, unbedeutenden Geschichte an ... lass dich nicht täuschen!

Wenn du deine Ohren spitzt, hörst du vielleicht die Stimme des Mose, wie er dir in die Arena zuruft: Das muss keine kleine Geschichte sein – was du hier tust, kann Teil eines großen Abenteuers sein, an dem Gott schon Jahrtausende schreibt! „Ich habe 40 Jahre in der Wüste verbracht", sagt dann Mose vielleicht, „und ich habe mich jeden Tag mit den gleichen Leuten herumgeschlagen und sogar jeden Tag das Gleiche auf den Teller bekommen – aber ich habe in dieser Zeit auch mit Gott gesprochen, wie mit einem Freund, und ich konnte Menschen mit diesem Gott in Berührung bringen ... Lauf diesen Lauf deines Lebens und vergiss nicht, dass überall, wo du bist, ein Stück von dieser revolutionären Bewegung präsent ist, die Jesus selber angestoßen hat!"

Oder wenn du dich als Mutter oder Vater einmal mehr mit deinen Kindern auf demselben Spielplatz wiederfindest: Du packst deine Tasche aus mit den Butterkeksen, den Wasserflaschen und den immer gleichen Kinderbüchern, die du schon hundert Mal erzählt hast ... und dir fällt der Himmel auf den Kopf, weil dein Radius so klein geworden und deine Welt so zusammengeschrumpft ist ... Dann lass dich nicht täuschen!

Hör gut hin, dann hörst du vielleicht die Stimme Sarahs, der Frau Abrahams, die dir von der Tribüne aus zuruft: Deine Welt ist größer, als du denkst – ich habe ein Kind zur Welt gebracht, könnte Sarah dann sagen, und aus diesem Kind ist ein Volk hervorgegangen, und aus diesem Volk ist der Retter der Menschheit hervorgegangen ... Was du investierst in diese Kinder, das wird Frucht tragen, das gibt der Liebe Gottes Hände und Füße und wird andere Menschen segnen ... Lauf diesen Lauf deines Lebens und vergiss nicht, dass mit dir auf diesem Spielplatz ein Teil der revolutionären Bewegung Gottes präsent ist!

Oder auch wenn du in der Schule oder im Studium sitzt. Einmal mehr ertönt die Pausenglocke und die nächste Stunde beginnt ... und vielleicht weißt du noch gar nicht, was du mit deinem Leben anfangen sollst, drohst in der Fülle der Optionen unterzugehen – oder aber du weißt es schon und hast große Pläne für deine Karriere ... Ich sag dir: Mach deine Pläne noch mal einige Schuhnummern größer!

Lass dich von David höchstpersönlich anfeuern – er ruft dir zu: Begnüge dich nicht damit, in deinem Leben einfach einige Schafe zu hüten! Ich hab' das selbst jahrelang gemacht, wird er dann vielleicht erklären. Ich habe die Schafe meines Vaters gehütet und sogar einige Erfolgserlebnisse gemacht ... aber das ist nichts gegen das, was Gott mit mir vorgehabt hat! Ich habe nicht nur Schafe gehütet, ich habe Verantwortung für viele übernommen und Menschen für Gott begeistert, Siege für Gott errungen!

Lass dich nicht in einer kleinen Geschichte gefangen nehmen, schreibe nicht einfach dein Privat-Abenteuerchen, sondern lauf den Lauf, und schreibe die Geschichte weiter, welche Gott schon mit mir geschrieben hat ... Dort in der Schule, im Studium, ist mit dir schon ein Stück dieser revolutionären Bewegung anwesend, die diese Welt auf den Kopf stellt!

Just do it! – Fragen zum Weiterdenken

Bevor wir uns ins nächste Kapitel stürzen, möchte ich einige Fragen formulieren, um die Anregungen dieses Teils auf den Boden unseres Lebens zu bringen. Du kannst dir dazu Gedanken machen und die Antworten in persönlichen Notizen festhalten, oder – noch besser – sie mit anderen Christinnen und Christen diskutieren:

- Frag dich mal ganz schonungslos: Wo habe ich mich auf den Zuschauerrängen niedergelassen? Wo gebe ich mich damit zufrieden, die Helden und Heldinnen des Glaubens zu beklatschen, anstatt selbst den Lauf anzutreten?
- Welche ersten Schritte könnten mich „in die Gänge" bringen? Welcher Bereich meines Lebens könnte eine gehörige Portion Abenteuerlust gebrauchen – und was könnte es bedeuten, in diesem Bereich das Laufholz des Glaubens neu zu ergreifen?
- Wer aus der biblischen „Fangemeinde" ruft mir persönlich zu? Gibt es eine Figur aus der Geschichte Gottes mit Israel und der Gemeinde, die mich besonders fasziniert – und was hat sie mir für meinen Glaubenslauf zu sagen?
- Mit wem könnte ich mich zusammentun, um Nägel mit Köpfen zu machen? Welche Menschen hat Gott mir zu Seite gestellt, die mich inspirieren und mit mir zusammen unterwegs sein können? Wer könnte mein Weggefährte, meine Weggefährtin werden?
- Wie könnte ich mich konkret daran erinnern, dass mein Leben Teil einer größeren Geschichte ist? Wo brauche ich einen Notizzettel, eine Erinnerung im Kalender oder sollte einen Freund bitten, mich zu erinnern, um mich im Strudel des Alltags nicht zu verlieren?

2. Gib nicht vorschnell auf

Ferien zum Vergessen

Es waren Sommerferien, die ich wohl nie vergessen werde.

Wir sind zu Hause geblieben, in der schönen Schweiz. Auch hier kann man tolle Ferien machen. „Warum in die Ferne schweifen, wenn das Gute liegt so nah?"

Hieß es.

Wir hatten allerdings etwas Pech beim Wetter: In den Wochen davor hat die Sonne um die Wette gestrahlt und Rekordtemperaturen erreicht, und auch nach unseren Ferien hat sich Petrus von der besten Seite gezeigt – nur in den wenigen Tagen, die wir uns frei genommen haben, sind düstere Wolken aufgezogen. Es hat die ganze Woche geschüttet wie im trüben England.

Egal, haben wir uns gesagt. Wir lassen uns die Laune nicht verderben!

Auch eine nasse Schweiz hat noch viel zu bieten, und schließlich habe ich mir vorgenommen, hier eine besondere Qualitätszeit mit meiner Familie zu verbringen. Momente des Glücks mit unserem Sohn und unserer Tochter, gemeinsame Erlebnisse, die alle Beteiligten stolz machen, so einen hervorragenden Vater und Ehemann zu haben, und die uns noch mehr zusammenschweißen ... Noch in vielen Jahren will ich mit meiner wunderbaren Frau auf dem Sofa sitzen können und ganz gerührt die Fotos von diesen Ferien anschauen: Es braucht eben nicht viel Geld, es braucht nur Liebe und guten Willen, um miteinander unvergessliche Ferien zu machen!

Jaja, genau.

Am ersten Tag unternahmen wir einen Tagesausflug in den Zürcher Zoo. Schon die Fahrt wurde zur Nervenprobe. Nach zwei Stunden Autofahrt im dichten Verkehr haben wir in dieser Fahrrad-Stadt einen Parkplatz in der Nähe des Zoos gesucht. Schlussendlich haben wir den

Wagen dann einen gefühlten Tagesmarsch entfernt abgestellt und sind mit schon genervten Kindern in Richtung Zooeingang gelaufen. Dort hatte sich eine über hundert Meter lange Menschenschlange gebildet. Der Kanton Zürich stand noch vor den offiziellen Schulferien, und ganz offensichtlich hat jede einzelne Schul- und Kindergartenklasse der Region just an diesem verregneten Tag beschlossen, endlich wieder einmal die Viecher im Zoo zu besuchen ...

Mein Ärger über die lange Wartezeit an der Kasse wurde nur noch übertroffen von den exorbitanten Eintrittspreisen – aber irgendwann standen wir dann im Zürcher Tierpark, und der Spaß hätte beginnen können. Nur leider wollten unsere Kinder nicht mitspielen. Ihnen war die Lust auf Zoo plötzlich vergangen, sie waren vom Parkplatz hierher schon genug gelaufen und stellten sich nach kurzer Zeit bereits völlig quer. Trotzig ließen sie sich auf dem klatschnassen Boden nieder und schrien in Stereo: „Ich finde das blöd hier. Zoo ist langweilig. Ich will wieder nach Hause. Ich mache keinen Schritt mehr ..."

Wir haben sie dann an den Armen noch zwei Stunden schreiend im Regen durch den Zoo geschleift – immerhin habe ich ein kleines Vermögen Eintritt bezahlt, und das soll sich jetzt auch lohnen! – aber irgendwann haben auch wir aufgegeben und sind frustriert wieder nach Hause gefahren.

Neuer Tag, neues Glück, haben wir uns am nächsten Morgen gesagt.

Es hat immer noch geregnet, und wir haben die Kinder erneut ins Auto gepackt, diesmal, um eine große Schokoladenfabrik zu besichtigen. (Ja, so was machen stramme Eidgenossen in ihren Ferien ...)

Das sollte der absolute Hit werden: Man wird an den verschiedenen Stationen des Produktionsprozesses entlanggeführt, und auf mannshohen Screens wird einem jeder Schritt erklärt. Und zum Schluss – das haben wir unseren Kindern schon feierlich angekündigt – kann man an einer Art Sushi-Bar am laufenden Band so viele Pralinen und Schoko-Happen essen, wie man will.

Vielleicht hätten wir auf diese Ankündigung verzichten sollen.

Unser Sohn hat jedenfalls während des kompletten Gangs durch diese

Fabrik unaufhörlich nach Schokolade geschrien. Eine faszinierende Führung – begleitet vom geheulten Refrain: „Ich will Schokolade essen!" Die Ernte der Kakaobohnen in fernen Ländern wird erklärt – unser Sohn: „Ich will jetzt Schokolade essen!" Das Anrühren der Kakao-Masse mit Zucker und Milch ...: „Ich will Schokolade essen!" Das Ausgießen der Masse in feste Formen ...: „Ich will Schokolade essen!" Die Verpackung der Tafeln in verschiedene Umschläge ...: „Ich will Schokolade essen!"

Als wir dann endlich beim ersehnten Schokoladen-Förderband angelangt sind, hat er sich derart vollgefressen, dass er sich im Auto um ein Haar übergeben hätte ...

Ok. Solche Dinge passieren halt.

Aber der Ausflug ins Badeparadies wird garantiert ein Erfolg. Was soll da auch schiefgehen?

Nun, unsere Tochter, zum Beispiel.

Schon beim Anziehen am nächsten frühen Morgen ist sie völlig ausgerastet. Sie hatte das in dieser Zeit öfter mal: Solche Tobsuchtsanfälle, aus denen sie selbst nicht mehr herausfindet und im Zuge derer sie sich in eine schreiende, beißende, tretende kleine Terroristin verwandelt. Das war also auch an diesem Tag der Fall.

Trotzdem wollten wir uns den Badespaß nicht nehmen lassen. Schließlich hatte auch meine Frau schon alle Badesachen gepackt.

(Für Menschen ohne kleine Kinder klingt das jetzt zwar nicht nach einer großen Leistung. Ich darf dir sagen: Du hast keine Ahnung! Wenn du für dich alleine dein Badezeug bereitlegst, magst du dafür etwa 7 Sekunden brauchen – du schnappst dir deine Badehose, packst das Badetuch ein und legst noch ein Buch zum Lesen dazu: fertig – es kann losgehen! Wenn du aber einen Badeausflug mit der Familie vorbereitest, dann fühlt sich das eher an wie ein Wohnortwechsel. Aus den Kinderzimmern, dem Keller, dem Dachboden und sämtlichen Kleiderschränken suchst du dir den halben Hausrat zusammen: Bademäntel, Frottiertücher, Badesandalen, Sonnencreme und Hautcreme und Shampoo, Schwimmhilfen aller Art (Schwimmflügel, Ringe, Schaumgummi-

Nudeln, Schwimmbrettchen ...), Traubenzucker für allfällige Unterzu-ckerungsanfälle, Getränke und Essen (die Fütterung ist bei Kindern extrem wichtig!), und natürlich das Nothilfe-Set mit genügend Pflastern für diverse Unfälle. Beim Zusammensuchen betest du inständig, dass alles im Kofferraum Platz finden wird. Nur das Buch kannst du zu Hause lassen: Zum Lesen kommst du eh nicht!

Vor dem Aufbrechen hat meine Frau dann allerdings vorsichtshalber alle Badesachen noch mal umgepackt in zwei getrennte, große IKEA-Taschen – eine für mich und unseren Sohn, die andere für sich selbst und unsere verhaltensauffällige Tochter. Sie hatte sich immer noch nicht wirklich beruhigt, und wenn die Situation unterwegs noch einmal eskalieren sollte, das war ihr Plan, dann fährt sie mit unserer Tochter direkt wieder nach Hause, und ich kann wenigstens mit einem unserer Kinder noch baden gehen.

So haben wir uns auf den Weg gemacht – mit den öffentlichen Verkehrsmitteln, der Umwelt zuliebe: mit der Straßenbahn zum Bahnhof in Basel, im Zug aus der Stadt heraus nach Pratteln, dann mit dem Bus das letzte Stück Weg bis zum Badeparadies ... Ich atmete erst auf, als dann die Kinder mit Badehosen und Schwimmflügeln endlich in voller Montur vor uns stehen. Beide sind jetzt gut gelaunt und wollen unbedingt ins Wasser springen: „Kommt jetzt", rufen sie erwartungsvoll, „wir wollen baden, baden, baden ...!"

Also nur noch selbst schnell in die Badehosen schlüpfen und los geht's!

Hm.

Warum schaut mich meine Frau plötzlich ganz panisch an? „Schatz", beginnt sie. „Wir haben ein Problem." Sie hat ja zu Hause alle Badesachen noch mal umgepackt, während unsere Tochter den Gaddafi geprobt hat. Und beim Umpacken, das realisiert sie erst in diesem Moment, hat sie meine und ihre eigenen Badesachen in unserer Wohnung liegen lassen.

Jetzt tritt auch mir der Schweiß auf die Stirn. Sofort spielen wir verschiedene Szenarien durch: Sollen wir alle noch mal nach Hause fahren –

mit Bus, Bahn und Tram, um das Badezeug zu holen? Dann sind wir erst abends wieder hier ... nein! Sollen wir einfach frech in der Unterwäsche baden? Meine Frau ist dagegen. Sollen wir die Tickets zurückgeben und etwas anderes unternehmen? Geht auch nicht – die Dame an der Kasse stellt sich stur. Aber sie bietet uns an, neue Badekleider zu kaufen: so hässlich, dass man sie nicht einmal im Spital verteilen würde. Dafür aber teuer. *Der Badespaß kostet mich am Ende fast 200 Franken. Ein doppelter Schnaps an der Poolbar inbegriffen.*

Das also waren die Ferien der Schmids – ich habe einige gelungene Momente verschwiegen, aber insgesamt sind diese Tage doch definitiv weit hinter den Erwartungen zurückgeblieben.

Und das kommt vor.

Das kommt vor, sobald man sich Gemeinschaftsprojekte vornimmt. Ob es die eigenen Kinder sind, ob es der Ehepartner ist oder sonst ein vertrauter Mensch: *Sobald ich mir Ziele setze, die ich nicht allein erreichen kann, sondern die davon abhängig sind, dass andere Personen sich darauf einlassen, muss ich mich auf Überraschungen und Enttäuschungen gefasst machen. Dann habe ich die Sache nicht mehr einfach „im Griff".*

Gemeinschaftsprojekte lassen sich nicht einseitig durchziehen.

Unkontrollierbare Projekte

Wir sind in dieses kleine Buch eingestiegen mit einer faszinierenden Beobachtung. Dass nämlich Gott das Universum in Existenz ruft und uns Menschen erschafft, um mit uns in eine echte Geschichte einzutreten. Der Schöpfungsbericht auf den ersten Seiten der Bibel hat uns mitgenommen in eine ausgesprochen bildhafte Szene, in der Gott den Menschen nach seinem Ebenbild formt und ihn zu seinem persönlichen Gegenüber macht. Er haucht dem Menschen sein Leben ein, er redet mit ihm und initiiert eine einzigartige Beziehung zwischen dem Schöpfer und seinem Geschöpf. Es ist der Anfang eines Abenteuers, in dem er seine Liebe mit uns teilt und nach unserer Antwort sucht.

Jesus selbst bringt das später auf den Punkt. Er macht klar, dass Gott sich von uns nichts sehnlicher wünscht, als dass wir seine Liebe von „ganzem Herzen, mit ganzer Hingabe und ganzem Verstand" erwidern. Was Gott mit der Schöpfung startet, ist mit anderen Worten das ultimative Gemeinschaftsprojekt schlechthin.

Wenn nun meine bescheidenen Ferienziele auch nur ein ausgesprochen schwacher Vergleich für Gottes Absichten mit der Schöpfung sind: Meine Erfahrungen an jenen freien Tagen veranschaulichen vielleicht doch das Prinzip, das auch hinter dem „Abenteuer Menschheit" steht. Nämlich dass der Erfolg von Gemeinschaftsprojekten nicht durch einen einzigen Beteiligten sichergestellt werden kann – auch wenn dieser Beteiligte Gott heißt ...

Denn selbst, wenn ich in den besagten Urlaubstagen mit übernatürlichen Fähigkeiten ausgestattet worden wäre – *wenn ich für eine Woche Gottes Rolle hätte übernehmen können – „Manuel Almighty", gewissermaßen –, selbst dann hätte ich nicht garantieren können, dass ich mit meiner Frau und meinen Kindern eine wirklich gute Zeit erlebe.*

(Vgl. hierzu auch *„Ein bisschen Theologie – Allmacht: Kann Gott alles?"* auf den Seiten 72-73)

Sicher: Ich hätte in der Umkleidekabine unsere fehlenden Badekleider problemlos aus dem Hut zaubern können. Ich könnte dafür sorgen, dass wir das Badeparadies ganz für uns hätten: Keine Menschenseele kommt an diesem Tag auf den Gedanken, baden zu gehen, wir müssen vor keiner Rutschbahn anstehen und uns über niemanden ärgern, der uns frech anspritzt. An der Poolbar würde ich die Happy Hour ausrufen – „Slush Puppy" all-you-can-schlürf und Latte Macchiato bis der Arzt kommt! Überhaupt könnte ich dann die dunklen Regenwolken über der Nordschweiz wegziehen und in den Süden verschieben (die haben da unten eh zu viel Sonne!) und so eine Menge toller Schönwetterausflüge möglich machen ...

Aber mit all diesen Maßnahmen würde ich doch nur die *Rahmen-*

Ein bisschen Theologie

ALLMACHT: KANN GOTT ALLES?

„Gott kann alles!" – Das ist eine gängige Kurzdefinition der Allmacht Gottes. Bedeutet das also, dass sich keine Frage formulieren lässt, die mit „Kann Gott ..." beginnt, auf die man mit „Nein, das kann er nicht." antworten müsste? Mit anderen Worten: *Was genau ist in „alles" enthalten?* Die meisten Theologen und Theologinnen der Kirchengeschichte waren und sind sich darin einig, dass es Gottes Allmacht nicht einschränkt, zu sagen: Gott kann keinen eckigen Kreis zeichnen, keinen gasförmigen Festkörper produzieren und 16 nicht zur Primzahl machen. Das sind Widersprüche in sich, logische Unmöglichkeiten – sprich: Sinnlosigkeiten. Und, wie es der bekannte christliche Apologet C. S. Lewis schön sagt: *Eine Sinnlosigkeit wird nicht plötzlich sinnvoll, wenn wir die Worte „Gott kann ..." voranstellen.*

> *„Es bleibt wahr, dass alle Dinge bei Gott möglich sind; das innerlich Unmögliche ist nicht ein Ding, sondern ein Nichts. Es ist für Gott genauso wenig möglich, wie für das schwächste Seiner Geschöpfe, von zwei einander ausschließenden Alternativen beide zu verwirklichen; nicht, weil Seine Macht behindert wäre, sondern weil Unsinn eben Unsinn bleibt, selbst wenn er von Gott handelt."[14]*

Humorvoll beschreibt auch der katholische Theologe Klaus von Stosch diesen Sachverhalt:

> *„Wenn Gott viereckige Kreise erschaffen kann, kann er auch gut und böse zugleich sein, die Zahl 7 mit dem Müsli seiner Großmutter vergiften und machen, dass es immer kawummelt, wenn du zuviel schawasselst."[15]*

Mit der obigen Feststellung, Gott könnte in einer irrationalen Welt auch gut und böse zugleich sein, klingt eine weitere mögliche Rückfrage an den Inhalt von „alles" in der Behauptung „Gott kann alles" an:

Wir sollten Gottes Allmacht wohl nicht nur durch logische Überlegungen präzisieren, sondern auch durch moralische (bzw. essenzielle): *Gott kann alles tun, was logisch möglich ist – und Gott kann alles tun, was mit seinem ewigen, unveränderlichen Wesen übereinstimmt.* Es schränkt Gottes Allmacht nicht ein, wenn er keinen quadratischen Kreis zeichnen kann, und es schränkt seine Allmacht auch nicht ein, wenn er nicht lügen, vergewaltigen oder betrügen kann.

Gottes Wesen ist Liebe, und seine Allmacht ist die Allmacht der Liebe. Wer in Gottes Allmacht die Fähigkeit einschließen will, boshaft zu sein und das moralisch Verwerfliche zu tun, trägt einen Widerspruch ins Wesen Gottes ein bzw. erwartet, dass Gott sich selbst negieren kann.

Übrigens spitzt Lewis seine Argumentation dann ausdrücklich auf die Frage nach der Willensfreiheit zu: „Wenn es dir einfällt zu sagen: Gott kann einem Geschöpf einen freien Willen geben und gleichzeitig ihm den freien Willen vorenthalten, dann ist es dir einfach nicht gelungen, irgendetwas über Gott auszusagen."

bedingungen für unsere Ferienwoche etwas verbessern. Ich hätte noch lange kein harmonisches Familienerlebnis sichergestellt.

Und sogar wenn ich mich in die Hirnwindungen meiner Kinder und meiner Frau einloggen würde – wenn ich sie eine Woche lang in einen regelrechten Rauschzustand versetzen könnte: Ihre Körper würden Glückshormone in rauen Mengen ausschütten, Endorphine und Serotonine und Delphine bis zum Abwinken. Ich würde ihre Reaktionen auf meine Ideen steuern: Alle Vorschläge von meiner Seite stoßen auf spontane Begeisterung. Jeden Abend rufe ich bei der ganzen Familie das Gefühl kompromissloser Dankbarkeit hervor, sie stimmen gemeinsam ein in den LEGO-Song: „Everything's amazing!", und am Ende der Woche werde ich offiziell zum besten Vater und Ehemann des Jahrhunderts gekürt ...: Sogar wenn ich auf solche Weise nicht die Umstände, sondern die beteiligten Personen selbst manipulieren würde, hätte ich mein Gemeinschaftsprojekt damit nicht gerettet.

Im Gegenteil: Ich hätte es gerade damit definitiv sabotiert.

Es gibt doch diese berühmte Geschichte der „Frauen von Stepford" (im englischen Original heißt sie „Stepford Wives"). Ein Roman aus den 1970er-Jahren, der schon mehrmals verfilmt wurde. Er erzählt von einem kleinen Dorf namens „Stepford", in dem die Ehefrauen auffallend spannungsfrei mit ihren Partnern zusammenleben.

Die Mutter einer jungen Familie, die ganz frisch nach Stepford gezogen ist, beobachtet die Bewohner des Dorfes sehr genau – und sie schöpft bald einen schrecklichen Verdacht: dass sich nämlich alle Ehemänner dieses Ortes gemeinsam verschworen haben, um ihre früher aufmüpfigen, eigenwilligen Frauen zu unterwürfigen Hausmädchen umzufunktionieren. Es wird nicht völlig klar, ob die Frauen von Stepford gleich ganz durch Roboter ersetzt wurden, oder ob man ihnen einfach eine gründliche Hirnwäsche verpasst hat (in den verschiedenen Filmen zum Roman werden unterschiedliche Antworten darauf gegeben), aber auf jeden Fall ist klar: Die Männer in diesem Dorf haben einen Weg gefunden, ihre Frauen völlig zu kontrollieren und ihren Willen genau nach ihren Wünschen zu formen.

An alle Männer unter den Lesern: Möchtet ihr wirklich eine solche Frau haben? Eine Ehefrau, die so programmiert ist, dass sie dir jeden Tag dein Lieblingsessen zubereitet, mit dir Fußball schaut und dir das Bier ans Sofa bringt, eine Frau, die immer genau mit dir einverstanden ist und sich willenlos deinen Bedürfnissen unterordnet? (Einfach um sicherzugehen: Die richtige Antwort lautet: Nein!)

Nein, das wünscht sich kein halbwegs gesunder Mann. Du hättest in einer solchen Frau kein echtes Gegenüber. Du würdest in ihr nur wieder dir selbst begegnen – deinem eigenen Willen, den du jemand anderem aufzwingst, deinen eigenen Vorlieben und Begierden und Ideen. Letztlich würdest du in den Spiegel schauen, wenn du deine Stepford-Frau vor dir hast.

Damit aber zerstörst du den Sinn und Inhalt einer Ehe – oder überhaupt einer liebenden Beziehung. *Der Versuch, den anderen völlig zu bestimmen und ihm quasi die Antwort in den Mund zu legen, die dieser doch eigentlich aus freien Stücken geben sollte, sichert die Liebe des Gegenübers nicht, sondern verunmöglicht sie gerade.*

Ein Gemeinschaftsprojekt lässt sich nicht einseitig kontrollieren.

Eine gesunde Beziehung lässt sich nicht gewaltsam vereinnahmen.

Eine Liebesgeschichte lässt sich nicht garantieren.

Sie muss gewagt werden.

Liebe ist gefährlich

Um die Vergleiche einmal aufzulösen und ausdrücklich auf Gottes Geschichte mit dem Menschen zu sprechen zu kommen: Gott wagt mit der Schöpfung ein Gemeinschaftsprojekt, eine Liebesgeschichte – mit dem unausweichlichen Risiko, zurückgewiesen, abgelehnt und enttäuscht zu werden.

Und versteht mich richtig: Es geht mir hier nicht um die Frage, ob Gott eine Schöpfung hätte hervorbringen *können*, in der alles nach seinem Drehbuch verläuft – eine Welt, deren Geschichte er einseitig be-

stimmt und zu jedem Zeitpunkt völlig im Griff behält. Geschöpfe, die ganz nach seiner Pfeife tanzen, die er bewegen kann wie Bauern auf einem Schachbrett. Stepford-Menschen, deren Handlungen er kontrolliert wie ein Puppenspieler seine Marionetten. Ja, ein Universum, in dem sich jedes Atom erst regt, wenn er sein Einverständnis dazu gibt. Nach allem, was wir in der Bibel über Gott erfahren, wäre es ihm wohl durchaus möglich gewesen, eine solche Welt zu erschaffen.

Aber das ist nicht die Frage.

Es geht nicht darum, was für eine Welt Gott erschaffen *kann*, sondern darum, was für eine Welt Gott erschaffen *will* und was für eine jenem Gott entspricht, den Johannes mit den berühmten Worten beschreibt:

„Gott ist Liebe." (1. Johannes 4,8)

Wir stehen hier vor der einzigen Stelle in der Bibel, die nicht nur beschreibt, *wie* Gott ist im Gegenüber zur Welt und in seinem Handeln am Menschen – mächtig, gerecht, heilig, gütig ... – sondern die beschreibt, *wer* Gott an und für sich ist, die also Gottes innerstes Wesen unmissverständlich identifiziert:

Gott *ist* Liebe.

Und diese Liebe hat einen Namen. Johannes, der uns diese Spitzenaussage überliefert hat, ergänzt sie darum sofort mit einer Erklärung:

„Gottes Liebe zu uns ist für alle sichtbar geworden, als er seinen einzigen Sohn in die Welt sandte, damit wir durch ihn leben können." (1. Johannes 4,9)

Der Gott, der Liebe ist, hat sich uns gezeigt in Jesus Christus. An ihm sehen wir, wer Gott wirklich ist und wie er zu uns steht. Oder, in unserem konkreten Zusammenhang: Wenn wir wissen wollen, was für eine Welt Gott erschaffen wollte, wenn wir wissen wollen, welche Art von Beziehung sich Gott zu uns Menschen wünscht, dann müssen wir das Leben von Jesus ernst nehmen.

Und in Jesus begegnet uns tatsächlich ein Gott, der eine Liebesgeschichte wagt. Ein Gott, der als Mensch die Nähe des Menschen sucht und sich verletzlich macht. Jesus beginnt seinen öffentlichen Dienst damit, eine Schar von „Jüngern" zu berufen – Menschen, mit denen er sein Leben teilt und eine gemeinsame Geschichte schreibt. Er gewinnt das Vertrauen und die Zuwendung seiner Nachfolger und sucht nichts weniger als ihre echte Freundschaft:

„Ich nenne euch Freunde und nicht mehr Diener."
(Johannes 15,15)

Der Gott, der sich uns in Jesus zeigt, ist nicht an der Unterwerfung der Menschen interessiert, sondern an ihrer freiwilligen Hingabe. Er verzichtet völlig auf jede Form von Manipulation und Kontrolle – er will nicht ihre Person vereinnahmen, sondern wirbt um ihr Herz. An einer Stelle scheint Jesus seine Nachfolger sogar zu provozieren, sich die Sache mit ihm noch einmal genau zu überlegen: „Wollt ihr auch weggehen?", fragt er seine Jünger, als ihn nach einer schwer verdaulichen Predigt eine Menge von Bewunderern verlässt (Johannes 6,66). Nein, dieser Jesus versucht nicht, andere Menschen in seinem Griff zu halten und über sie zu verfügen. Er ist bereit, zu lieben – und macht sich gefasst auf bittere Enttäuschungen und persönliche Zurückweisungen.

Und wir kennen die Geschichte.

Als Jesus in der Öffentlichkeit immer mehr Widerstand erfährt, verlassen ihn seine Nachfolger scharenweise. Einer seiner engsten Freunde verrät ihn schließlich und liefert ihn der aufgebrachten religiösen Elite aus. Der menschgewordene Sohn Gottes wird unter falschen Anschuldigungen verurteilt und auch von seinen letzten Freunden noch im Stich gelassen. Petrus verleugnet ihn mehrmals in aller Öffentlichkeit. Seine Landsleute verachten und verspotten ihn, die Römer spucken ihn an, geißeln ihn und richten ihn schließlich zu Tode. Der Sohn Gottes, der als wehrloser Säugling in Bethlehem zur Welt kam und gemäß dem Bericht des Matthäus schon als Kleinkind nur knapp dem Schwert der königlichen Soldaten entkam, findet mit etwa 33 Jahren am Kreuz ein grausames Ende.

Was für eine Schöpfung hat Gott also ins Leben gerufen – was für eine Welt entspricht dem Gott, der Liebe ist? Es ist augenscheinlich eine Welt, in der Gott nicht aus sicherer Distanz die Dinge regelt und alle Ereignisse kontrolliert, sondern in die Gott persönlich eintritt.

(Vgl. hierzu *„Ein bisschen Theologie – Risiko Gottes: Hat Gott alles im Griff?"* auf den Seiten 80-81)

Es ist eine Welt, in der Gott die Liebe zum Menschen wagt, aber auch seine Ablehnung riskiert. Es ist eine Welt, in der Gott die Freundschaft des Menschen sucht, und damit zugleich dessen Feindschaft in Kauf nimmt.

Eine Schöpfung, die zum Wesen Gottes passt, ist mit anderen Worten ein Ort, an dem sich Gott unglaublich verletzlich macht.

Das ist ein Motiv, das uns schon im Alten Testament ständig begegnet – aber oft überlesen wir die entsprechenden Texte oder machen sie im Handumdrehen „theologisch unschädlich", weil wir nicht gewohnt sind, Gottes Geschichte mit uns wirklich *so* ernst zu nehmen.

Durch die ganze Erzählung des Volkes Israels zieht sich das Zeugnis eines Gottes, der nicht nur – wie wir im letzten Kapitel gesehen haben – unentwegt auf der Suche nach dem Menschen ist und um dessen Liebe wirbt, sondern der auf dieser Suche auch zahllose Male enttäuscht und zurückgewiesen wird. Das ließe sich an jedem Buch der Bibel nachweisen, aber ich will mich auf zwei Passagen konzentrieren, die Gottes Verletzlichkeit – aber auch seine Unermüdlichkeit und Flexibilität – besonders anschaulich zeigen.

Ein bisschen Theologie

RISIKO GOTTES: HAT GOTT ALLES IM GRIFF?

Der Soziologe Ulrich Beck hat unsere Gesellschaft als *„Risikogesellschaft"* bezeichnet. Er spielt damit auf die Störungsanfälligkeit des Lebens gerade im wohlhabenden Westen an: Wir haben es nie wirklich im Griff – und tun also gut daran, uns mit der Unberechenbarkeit des Lebens anzufreunden und mit Risiken umzugehen lernen.

Und Gott? Viele würden sagen: Gott kennt keine Risiken. Der Allmächtige hat alles fest im Griff und kann durch kein Ereignis aus der Ruhe gebracht werden. Was aber ist, wenn dieser Gott *gerade in seiner Allmacht* beschließt, eine Welt hervorzubringen, in der seine Geschöpfe ein Mitspracherecht haben? Eine Welt, in der Menschen als Ebenbilder Gottes mit ihrem Schöpfer eine authentische Geschichte schreiben, in seine Absichten einwilligen oder sich seinem Willen widersetzen können?

Die biblischen Erzählungen scheinen uns ebendieses Szenario nahezulegen. Schon die sogenannte *Urgeschichte* der Bibel (1. Mose 1-11) gibt bei näherer Betrachtung den Blick auf ein ebenso atemberaubendes wie haarsträubendes Abenteuer frei, das Gott mit dem Menschen zu beginnen bereit ist. Auch der Fortgang dieser Geschichte vermittelt kaum den Eindruck, dass Gott einfach „alles im Griff" hätte. Immer wieder ist von der Enttäuschung Gottes die Rede, wenn einzelne Menschen seinen Willen ignorieren oder sich sein Volk von ihm abwendet (z. B. Jeremia 3,6-7 und 3,19-20; Hesekiel 22,17-29), und immer wieder scheinen Gottes gute Absichten für den Menschen ins Leere zu laufen.

Zugleich sind die biblischen Erzählungen aber voller Hoffnung, dass Gott mit seiner Menschheit ans Ziel kommt. Diese Hoffnung speist sich offenbar nicht aus dem Gedanken einer eisernen Kontrolle, die Gott auf den Gang der Dinge ausübt. Sie verdankt sich vielmehr der *Gewissheit, dass Gott einfallsreich, beharrlich und weise genug ist, um die Geschichte seiner Geschöpfe zu einem guten Ende zu erzählen.*

Das wird gerade dort besonders deutlich, wo Gott sich selbst dem denkbar größten Risiko aussetzt: In Jesus Christus kommt er als Mensch mitten unter uns und stellt sich der Zerbrechlichkeit des Lebens in letzter Konsequenz. Schon bald überschlagen sich die Ereignisse. Der Gottessohn wird verraten, gefoltert, hingerichtet. Der Gedanke, dass Gott „alles im Griff" behält oder die Ereignisse aus sicherer Distanz lenkt, lag nie ferner als hier.

Und doch wendet sich gerade dieser Moment der Ohnmacht zu einer vorbildhaften Siegesgeschichte. Das Leiden und Sterben behalten nicht das letzte Wort. Jesus Christus wird von den Toten auferweckt und macht öffentlich sichtbar, dass die Liebe Gottes über alle lebensfeindliche Mächte triumphiert. *Gottes Wagnis mit seiner Schöpfung ist keine verantwortungslose „Pokerei".* Was auch immer uns geschieht: Gott wird den Nöten und Niederlagen unseres Lebens nicht das letzte Wort gewähren. Er kann auch unsere Geschichte zu einem guten Ende bringen – aber nicht an uns vorbei oder über unsere Köpfe (und Herzen) hinweg, sondern mit uns zusammen.

Mit Gott auf Schlingerkurs

Wir werfen zuerst einen Blick auf den Anfang des Königtums in Israel – eine komplexe, aber unglaublich faszinierende Geschichte. Sie beginnt mit dem Propheten Samuel.

Schon in jungen Jahren wird Samuel von Gott berufen, auf seine Stimme zu hören und das Volk Israel in seinem Namen zu führen. Das war die Job-Description eines Propheten: den Leuten die Gedanken und Absichten Gottes weiterzugeben und ihnen damit das Herz Gottes zu zeigen. Das war keine einfache Aufgabe. Aber Samuel hat seine Berufung sein Leben lang treu ausgefüllt, und als er alt und gebrechlich wird, will er seine beiden Söhne als Nachfolger einsetzen.

Jetzt allerdings lesen wir, dass die Ältesten Israels damit nicht einverstanden sind – sie haben andere Pläne:

> *„‚Samuel‘, sagten sie, ‚du bist zu alt geworden, um das Volk noch richtig führen zu können. … So setz doch einen König als Herrscher über uns ein, wie auch alle unsere Nachbarvölker einen haben.‘" (1. Samuel 8,5)*

Eine interessante Idee. Klingt einigermaßen harmlos, ist es aber nicht. Das Einzigartige am Volk Gottes war gerade, dass es nicht durch einen König geführt wurde, sondern von Gott selbst durch seine Propheten. Gott will aus nächster Nähe mit seinem Volk unterwegs sein – aber die Verantwortlichen in Israel sagen ihm hier: Wir lassen uns lieber von einem König als von dir sagen, was wir zu tun haben.

> *„Samuel war nicht damit einverstanden, dass sie plötzlich einen König haben wollten",*

lesen wir darum auch *(1. Samuel 8,6)*. Er zieht sich zurück, um Gott um Rat zu fragen – und Gott gibt Samuel eine bemerkenswerte Antwort:

„Der Herr antwortete: [...] ‚Mit ihrer Forderung lehnen sie nicht dich ab, sondern mich. Sie wollen mich nicht mehr als ihren König anerkennen. Das passt zu ihnen! Seit ich sie damals aus Ägypten herausführte, war es immer dasselbe: Immer wieder haben sie mich vergessen und sind anderen Göttern nachgelaufen. Genauso machen sie es nun auch mit dir.'" (1. Samuel 8,7-8)

Wow. Gott durchschaut sein Volk und erkennt, dass der Wunsch nach einem König eigentlich eine Ablehnung seiner Rolle in der weiteren Geschichte Israels gleichkommt. „Sie lehnen nicht dich ab", tröstet er den frustrierten Propheten Samuel liebevoll, „sie lehnen mich selbst ab."

Nachdem Gott sein Volk unter der Führung von Mose aus der Sklaverei in Ägypten befreit und unter Josua erfolgreich ins verheißene Land geführt hat – nachdem Gott seine Treue und Verlässlichkeit von Generation zu Generation neu unter Beweis gestellt hat –, wollen sie ihn jetzt in die Wüste schicken. „Sie lehnen mich ab", stellt Gott nüchtern fest – oder: „Sie haben mich verworfen", wie man wörtlicher übersetzen könnte.

Gott ist nicht besonders überrascht – „es ist immer dasselbe mit ihnen", sagt er sogar, denn er kennt die Widerspenstigkeit und Eigenwilligkeit des Menschen – aber er ist trotzdem bitter enttäuscht. Die Forderung Israels nach einem König ist eine persönliche Zurückweisung.

Nicht erst im Leben von Jesus Christus, sondern schon in der Geschichte mit Israel wird Gott ins Gesicht geschlagen ...

Aber was rät Gott jetzt seinem Propheten Samuel? Er sagt ihm:

„Gib ihnen, was sie wollen! ... Erfüll ihre Forderung! Doch warne sie vorher, und sag ihnen ausdrücklich, welche Rechte ein König besitzt und was es bedeutet, einen König zu haben." (1. Samuel 8,7.9)

Ist das nicht erstaunlich? Gott will ausdrücklich *nicht*, dass Israel einen König bekommt – er ist sich sicher, dass sie damit einen Schritt in die falsche Richtung unternehmen und sich von seinen ursprünglichen Absichten entfernen; er ahnt, dass sie sich damit viel Ärger einhandeln, und er macht sie auch auf die Konsequenzen aufmerksam, die ihr Königswunsch mit sich bringt – aber: *Er geht trotzdem auf ihre Forderung ein!*

Kurz darauf ruft Samuel das Volk zu einer Versammlung zusammen, und er sagt den Israeliten im Auftrag Gottes:

> *„So spricht der Herr, der Gott Israels: ‚Ich habe euch damals aus Ägypten herausgeführt und euch von den Ägyptern und von allen anderen Feinden befreit, die euch in die Enge trieben. Ich, euer Gott, habe euch seither immer wieder aus euren Nöten und Bedrängnissen herausgeholfen, und doch lehnt ihr nun meine Führung ab und verlangt, dass ich einen König über euch einsetzen soll. Gut, ihr sollt bekommen, was ihr wollt!'"* *(1. Samuel 10,18-19)*

Spürst du das Unverständnis, die Frustration, den Schmerz Gottes in diesen Worten? Noch einmal erinnert Gott alle Anwesenden an seine Geschichte mit dem Volk Israel und macht keinen Hehl aus seiner Enttäuschung – und gibt ihnen dann, was sie wollen: Er lässt im Folgenden die Stämme und Sippen Israels aufstellen, und der Prophet Samuel führt ihnen ihren zukünftigen König vor.

Gott selbst hat ihn ausgesucht.

Der Gott Israels wird abgelehnt, aber er gibt nicht auf – er strickt sofort einen neuen Plan mit seinem Volk, ein Plan *mit* einem König, und zwar mit einem, den er selbst handverlesen hat. Wenn sie unbedingt einen König wollen, scheint sich Gott zu denken, dann suche ich ihnen den besten König aus – einen gottesfürchtigen, beeindruckenden, führungsstarken Mann: Es ist Saul aus dem Stamm Benjamin. „Das ist der Mann, der über mein Volk herrschen soll!", macht Gott Samuel klar (1. Samuel 9,17). Das Volk ist begeistert:

„Da brachen alle in lauten Jubel aus und riefen: ‚Lang lebe unser König!'" (1. Samuel 10,24)

Und jetzt beginnt Gottes bewegte Geschichte mit Saul.

Wir können hier nicht in alle Einzelheiten gehen. Es reicht festzuhalten, dass sich Saul in Sachen König gewissermaßen als Montagsprodukt erweist: Er ist zwar in der Statur größer als alle anderen Männer Israels, besitzt das Format eines Königs aber trotzdem nicht. Schon bald kommt es zu einer militärisch brenzligen Situation, in der Saul kalte Füße bekommt: Er hat Angst und widersetzt sich der ausdrücklichen Anweisung Gottes.

Samuel – quasi aus dem aktiven Ruhestand – stellt ihn sofort zur Rede:

„Was hast du getan? ... Das war sehr dumm von dir! ... Du hast dem Befehl des Herrn, deines Gottes, nicht gehorcht. Er wollte dir und deinen Nachkommen für alle Zeiten die Königsherrschaft über Israel geben. Du aber hast sie durch dein voreiliges Handeln verspielt."
(1. Samuel 13,11.13-14)

Wieder eine Enttäuschung.

Schon wieder eine Sackgasse in Gottes Geschichte mit seinem Volk: Der König, den Gott für Israel eigens ausgesucht hat, begibt sich auf Abwege. Dabei hatte Gott ausdrücklich vor, ihm und seinen Nachkommen die Königsherrschaft dauerhaft anzuvertrauen: „Der Herr hätte dein Königtum über Israel auf ewig bestätigt", sagt Samuel in wörtlicheren Übersetzungen dieses Gesprächs mit Saul.

Jetzt aber lesen wir den bemerkenswerten Satz aus dem Munde Gottes selber:

„Da sagte der Herr zu Samuel: ‚Ich wünschte, ich hätte Saul nie zum König gemacht, denn er hat mir den Rücken gekehrt und meine Befehle nicht ausgeführt.'" (1. Samuel 15,10-11)

Gott bereut die Wahl Sauls zum König über Israel!

Er revidiert seine Einschätzung dieses Mannes; er ist enttäuscht, dass Saul ihm den Rücken zugekehrt hat.

Aber Gott ist noch lange nicht am Ende seines Lateins.

Wenig später lesen wir von einer persönlichen Begegnung Gottes mit Samuel. Der alte Prophet ist nach dem Versagen Sauls offensichtlich am Boden zerstört. Er befürchtet wohl, dass sein Volk langsam, aber sicher seine Chancen bei Gott verspielt hat.

Nur zur Rekapitulation:

Israel sagt: Wir wollen auch einen König wie die anderen Völker! Gott macht ihnen klar: Aber ich bin doch euer König, ich möchte euch führen ... Israel bleibt dabei: Wir wollen trotzdem einen König. Gott ist enttäuscht – aber er lässt sich darauf ein. Er sucht ihnen sogar selbst einen König aus: Hier habt ihr Saul, er soll euch anführen ... Doch jetzt hat sich Saul auch noch als eine faule Pflaume herausgestellt – und Gott ist wieder enttäuscht. Ist das jetzt das Ende seiner Geschichte mit diesem widerspenstigen Volk?

Da ermutigt Gott den niedergeschlagenen Propheten:

„Schließlich sprach der Herr zu Samuel: ‚Wie lange willst du noch um Saul trauern? ... Nimm dein Horn, füll es mit Öl, und mach dich auf den Weg nach Bethlehem. Dort such Isai auf, denn ich habe einen seiner Söhne zum neuen König auserwählt.'" (1. Samuel 16,1)

Samuel sammelt noch die Scherben der Vergangenheit zusammen, aber Gott hat bereits einen alternativen Plan entwickelt

– er hat bereits den jüngsten Sohn von Isai als Kandidaten für den nächsten König ins Visier genommen.

Sein Name? David.

Und so beginnt dessen Geschichte. Ich denke, es erübrigt sich zu sagen, dass auch mit König David nicht alles nach Plan verläuft. Auch David scheitert an mehreren Stellen kläglich, auch er enttäuscht Gott bitter und fordert Gottes Geduld und Kreativität heraus, wenn es darum geht, seine Geschichte mit Israel weiterzuschreiben.

Wir brechen unsere Nacherzählung an dieser Stelle einmal ab. Durch diesen Ausflug in die wendungsreiche Geschichte am Anfang des Königreiches Israels haben wir aus erster Hand einen Eindruck von der Art und Weise bekommen, in der Gott mit uns umgeht – besonders mit unseren Fehlern, Widerständen und Eigenwilligkeiten.

Gott macht sich verletzlich, er lässt sich enttäuschen und zurückweisen – aber wir sehen jetzt schon: Er gibt auch nicht so schnell auf!

Gott macht sich verletzlich

Ich möchte wenigstens kurz noch eine zweite Passage anschauen – es handelt sich um eines der intimsten, herzzerreißendsten Statements der ganzen Bibel zur zurückgewiesenen Liebe Gottes.

Es wird überliefert vom Propheten Jeremia im Blick auf Ereignisse, die noch einmal einige Jahrhunderte nach der Geschichte mit Samuel und dem Königswunsch des Volkes Gottes stattfinden. Das Königreich Israel, das unter David und seinem Sohn Salomo anfangs noch eine Blütezeit erlebt hat, ist unter den Intrigen und Konkurrenzkämpfen späterer Könige längst wieder auseinandergebrochen. Das Südreich Juda und die restlichen Stämme des Nordreiches Israel gehen fortan getrennte Wege – aber beide führen nur weiter weg von ihrem Bundesgott und seinen guten Absichten für sein Volk.

Die Enttäuschung Gottes über das Verlangen Israels nach einem König und das Versagen Sauls waren ein Kindergeburtstag gegen die Rückschläge und Zurückweisungen, die Gott in dieser folgenden Zeit durch sein Volk erdulden muss, und die Kurskorrekturen und Extrameilen, die ihm dadurch auferlegt werden.

In dieser tragischen Zeit tritt der Prophet Jeremia auf und redet zum

Volk im Namen ihres Gottes. Wir finden unseren Text in Jeremia 3 – in diesem ganzen Kapitel redet Gott im Bild der Ehe und Familie: Es ist die Klage eines Ehemannes über seine untreue Frau und das Ringen eines Vaters mit seinen abtrünnigen Kindern:

„Hast du gesehen, wie Israel mir die Treue bricht? Auf jedem Hügel, unter jedem dicht belaubten Baum, überall betrügt sie mich mit ihren Liebhabern." (Jeremia 3,6)

Hier beginnt Gott, dem Propheten Jeremia sein Leid zu klagen. Man spürt seinen Worten die Fassungslosigkeit über seine „Geliebte" noch förmlich an. Nach allem, was er für sie getan hat, bricht sie ihm doch die Treue und „betrügt ihn mit ihren Liebhabern": eine bildhafte Beschreibung für den Götzendienst Israels. Auf den Hügeln und unter den Bäumen verehrt Gottes Volk nicht den Schöpfer von Himmel und Erde, der sie über Generationen hinweg begleitet hat, sondern irgendwelche Gottheiten der Nachbarvölker ... Aber Gott wagt es, auf das Beste zu hoffen:

„Ich dachte: ,Bestimmt kehrt sie wieder zu mir zurück, wenn sie genug davon hat.'" (Jeremia 3,7)

Gott erwartet, dass Israel irgendwann selbst zur Einsicht kommt und sich ihm wieder zuwendet. So wie der verlorene Sohn im Gleichnis von Jesus zum liebenden Vater zurückkehrt, oder eben wie sich eine untreue Ehefrau nach allen möglichen sexuellen Abenteuern an ihren Mann erinnert, der nie aufgehört hat, sie zu lieben ... Ja, eine solche Wendung erhofft sich Gott:

„Aber sie kam nicht!" (Jeremia 3,7)

Ein zutiefst frustriertes Fazit. Israel bleibt auf Abwegen.

Ganz ähnlich werden etwas später im selben Kapitel erneut die enttäuschten Hoffnungen Gottes beschrieben:

„Israel, ich wollte dich zu meinem geliebten Kind machen und dir ein herrliches Land geben, das prächtigste weit und breit. Ich dachte, du würdest mich dann ‚Vater' nennen und dich nicht mehr von mir abwenden." (Jeremia 3,19)

Hier spricht Gott im Bild eines Vaters, der seinem Kind seine Liebe beweist, indem er es reich beschenkt – auch das hat er mit Israel ausprobiert, auch hier hofft er, dass seine Liebesbeweise Frucht tragen ...

„Doch wie eine Frau ihren Mann betrügt, so bist du mir untreu geworden." (Jeremia 3,20)

Und wieder sind wir zurück beim Vergleich von Gottes Beziehung zu Israel mit einer Ehe: Die Frau nimmt die Geschenke ihres liebenden Gatten gerne an sich – und fährt mit ihrer Untreue fort.

Der Text erzählt dann davon, dass Gott Israel „die Scheidungsurkunde aushändigte und sie entließ" (Jeremia 3,8) – normalerweise der letzte, verzweifelte Schritt eines Ehemannes, der seine Frau nicht wieder für sich gewinnen kann.

Gott bleibt scheinbar nichts anderes übrig, als die Ablehnung Israels zu respektieren und sein Volk gehen zu lassen. Manche Ausleger sehen darin auch ein buchstäbliches „ziehen lassen": Das Nordreich Israel wurde ja einige Jahrzehnte früher von den Assyrern eingenommen und deren Bewohner teilweise in die Gefangenschaft verschleppt ... Gottes Volk, seine geliebte Ehefrau, zieht davon – und lässt einen zutiefst enttäuschten Gott zurück.

Ist dies das Ende?

Keineswegs! Nur wenige Verse später gibt Gott Jeremia den Auftrag, in seinem Namen vor die Israeliten zu treten:

„Deshalb ruf dem Norden zu: So spricht der HERR: Israel, komm zurück zu mir! Du warst mir untreu, doch ich will nicht länger zornig auf dich sein! Denn ich bin ein barmherziger Gott und werde dir ver-

geben ... Kehr um, abtrünniges Volk, denn ich bin immer noch dein Herr!" (Jeremia 3,12.14)

Das ist der Gott Israels!

Er hat die Scheidungspapiere bitteren Herzens schon unterschrieben, er hat sich von seiner Braut bereits verabschiedet und ihr nachgeschaut, bis sie am Horizont verschwunden ist – aber er gibt noch lange nicht auf!

„Komm zurück zu mir!" wirbt er hier durch den Propheten wieder. Er spricht Israel seine Vergebung zu und zeichnet in den folgenden Versen ein bewegendes Bild von einem wiederhergestellten Gottesvolk. Es ist das Bild des ursprünglichen Traumes Gottes mit dem Menschen:

„Denn in jener Zeit wird man ganz Jerusalem ‚Thron des Herrn' nennen, und alle Völker werden sich dort versammeln, um mich anzubeten. Sie werden nicht länger das tun, wozu ihr böses und eigensinniges Herz sie treibt." (Jeremia 3,17)

Gott hält an seiner Vision für die Menschheit fest!

Er erschafft den Menschen für eine Liebesgeschichte und sehnt sich danach, mitten unter uns zu wohnen: „Man wird ganz Jerusalem ‚Thron des Herrn' nennen", heißt es hier, „und alle Völker werden sich dort versammeln." Gott wird mit anderen Worten nicht nur im Allerheiligsten des Tempels völlig präsent sein, nein: Seine Gegenwart erfüllt alle Straßen und Gassen und Häuser und Höfe der Stadt.

Gott wohnt unter den Menschen als ihr Vater, ihr Freund, ja als ihr Partner.

Diese Vision umspannt das Zeugnis Gottes in der Bibel vom ersten bis zum letzten Kapitel, und es leuchtet auch und gerade hier in der Zeit größter Enttäuschung und Zurückweisung auf!

Ein fettes Buch

Wenn du also fragst: Warum tut sich Gott das alles an? Wieso setzt sich der Schöpfer des Universums diesem Risiko aus, verletzt und betrogen zu werden? – Dann solltest du dich an die letzte Hochzeit erinnern, der du beiwohnen durftest.

Eigentlich ist das ja der blanke Wahnsinn.

Jeder weiß doch, was für hässliche Katastrophen aus Ehebeziehungen werden können. Jedem ist klar, dass man jemandem, dem man so kompromisslos seine Liebe zusichert, zugleich die Vollmacht gibt, einen Stachel durchs eigene Herz zu treiben und Wunden zu verursachen, die nie mehr vollständig heilen. Jeder kennt Geschichten, meist aus seiner nächsten Umgebung oder Verwandtschaft, in denen aus einer Liebesgeschichte ein Drama sondergleichen wurde, eine Schlammschlacht, ein Fest der Zerstörung.

Das Vertrauen ineinander geht langsam verloren oder wird grausam missbraucht, bis aus einstigen Seelenverwandten zwei Fremde oder sogar Feinde werden. Die Ehefrau erfährt, dass sie von ihrem Partner betrogen wurde, die ganzen abstoßenden Geschichten kommen ans Tageslicht; und sie liegt nachts wach und kämpft mit dem abgrundtiefen Schmerz der Zurückweisung. Oder der Ehemann wird für einen anderen verlassen, und er trägt noch fünf Jahre später den Ehering an seiner Hand, weil er es nicht übers Herz bringt, das Ende seiner Liebe anzuerkennen; an Weihnachten schließt er sich ein und betrinkt sich, weil er die Einsamkeit mitten in all den Erinnerungen nicht erträgt ...

Vom Schicksal der Kinder haben wir noch nicht einmal gesprochen.

Nein, es scheint ein klarer Fall zu sein:
Vor der Ehe müsste man eindringlich warnen!

Eigentlich sollten die Eltern der Braut vor der Kirche große Transparente hochhalten mit dem Schriftzug: „Don't do it!", „Denk noch mal nach!" Die Geschwister des Bräutigams müssten während des Trauaktes aufspringen und hemmungslos nach vorne schreien: „Sag Nein!", um das Unheil zu verhindern. Oder am besten gleich im Vorfeld schon den Pfarrer entführen. Alle Anwesenden an einer Hochzeit müssten sich auf jeden Fall schon beim Eingang der Braut durch den Mittelgang auf die Lippen beißen oder entsetzt ihren Blick abwenden:

Du kannst wohl nirgends tiefer verletzt, schwerer enttäuscht, nachhaltiger entmutigt werden als in einer Ehe, die ein böses Ende nimmt. Und doch sind die Wagemutigen noch nicht ausgestorben!

Jedes Jahr trauen sich Paare aufs Neue, sich zu trauen – jeden Frühsommer füllt sich die Außenseite unseres Kühlschranks wieder mit Hochzeitsanzeigen und -einladungen. Sogar Menschen, die bereits eine Scheidung hinter sich haben, die den Zerbruch einer Ehe mit allen Verletzungen und Bitterkeiten am eigenen Beispiel erlebt haben, schreiten oft noch ein zweites Mal durch den Mittelgang der Kirche und lassen sich noch einmal auf eine Partnerschaft ein …

Wie ist das möglich? Warum um Gottes Willen riskieren Menschen ein derart unberechenbares Projekt?

Es gibt wohl nur eine vernünftige Antwort – und die ist auch der Grund, warum sich gestandene Männer an Hochzeiten verstohlen die Tränen der Rührung abwischen und Frauen im heißen Hochsommer Gänsehaut bekommen: Weil die Vision, die man für eine gelingende Ehe hat, die Vision der Gemeinschaft zwischen zwei Personen ist, die sich lieben und füreinander da sind und miteinander eine gemeinsame Geschichte schreiben – weil diese Vision einen mehr packt als die Angst vor den Gefahren, die man damit eingeht. Weil man überzeugt ist: Die Aussicht auf eine lebendige Liebesbeziehung mit dieser Person darf mich alles kosten.

Die Liebe ist das Wagnis wert.

Das ist es, was Gott bereit macht, an seiner Geschichte mit uns festzuhalten, das Risiko der Liebe einzugehen – das ist es, was ihn dazu bringt, sich verletzlich zu machen und auch den äußersten Preis zu bezahlen, um uns für seine Liebe zu gewinnen: die Vision, mit dir und mir und mit Menschen aus allen Ländern und Kulturen eine Wohnung zu teilen. Mit uns in Gemeinschaft zu leben.

Und dieses Ziel verfolgt Gott mit einer bestaunenswerten Ausdauer.

Manchmal haben sich Theologiestudierende oder auch Besucher unserer Gottesdienste bei mir über den erschreckenden Umfang der Bibel beklagt. Heimlich natürlich, hinter vorgehaltener Hand – man will sich als guter Christ oder angehender Pastor ja keine Blöße geben –, aber mal ganz ehrlich:

Wer liest denn heute noch ein so dickes Buch?

Denn das ist sie, die Bibel: nicht schlank, nicht vollschlank. Die ist – das kann man nicht mehr schönreden! – richtig fett! Müssen wir uns wirklich durch all diese Seiten kämpfen? Hätte Gott uns nicht ein kürzeres Buch an die Hand geben können – eines, das sich zügiger liest und schneller zum glorreichen Ende führt?

Ja, natürlich hätte er das tun können – es spricht eigentlich alles dafür, dass er genau das vorgehabt hat, als er diese Schöpfung ins Leben rief! Ginge es nur nach Gottes Plänen, dann wäre die Bibel wohl eher ein Faltprospekt mit der Schöpfungsgeschichte und den letzten zwei Kapiteln aus der Offenbarung geworden ...

Aber Gott ist eben nicht der Einzige, der an dieser Geschichte beteiligt ist – *nicht Gott macht diese Geschichte fünfzehnhundert Seiten dick: Wir sind das!* Wir Menschen, mit unserer Neigung, Gott das Vertrauen zu verweigern und unser eigenes Ding durchzuziehen, wir Menschen, mit unserer hartnäckigen Eigenwilligkeit und Unverbesserlichkeit – *wir* ziehen diese Geschichte so in die Länge wie Peter Jackson die Verfilmung von „The Hobbit"!

Der Umfang der Bibel beweist mit anderen Worten nicht, dass Gott sich nicht kurzfassen kann – dieses dicke Buch beweist, dass Gott nicht aufgibt, für sein Volk, für die ganze Menschheit, für uns zu kämpfen!

Diese lange Geschichte zeigt unmissverständlich, dass Gott bereit ist, jeden Preis zu bezahlen, um uns für die Gemeinschaft mit sich zu gewinnen! „Gott lässt uns nicht los" – das ist die Schlagzeile über diesem dicken Buch!

In manchen frommen Kreisen ist man so gewohnt zu sagen, dass „Sünde uns von Gott trennt", dass einen gar nicht mehr auffällt, wie wenig sich Gott selbst von diesem Grundsatz beeindrucken lässt. Ja, wir Menschen machen uns schuldig und rennen von Gott weg – aber er lässt sich nicht abschütteln! Schon unmittelbar nach der ersten Sünde, von der uns die Bibel berichtet – gleich nachdem Adam und Eva in dieser poetischen Geschichte vom verbotenen Baum gegessen haben –, treffen wir Gott im Garten Eden ... und was macht er? Zieht er sich vom Menschen zurück, weil dessen Sünde ihn nun vom Schöpfer trennt? Im Gegenteil: Der Apfel (oder die Banane, so genau weiß das keiner ...) ist noch nicht verdaut, als Gott sich schon persönlich aufmacht, um sein gefallenes Geschöpf zu suchen: „Adam, wo bist du?", hören wir Gott den Abend hineinrufen – und seither ist er dem Menschen nicht von der Seite gewichen.

Der Gott der Bibel bleibt nicht im Garten Eden hocken und winkt dem Menschen nach – „du hast mich vor den Kopf gestoßen, jetzt musst du halt selber schauen, wo du bleibst ..." – nein: Der Gott der Bibel folgt dem verbannten Menschen und wirbt neu um dessen Vertrauen!

Über buchstäblich Hunderte von Kapiteln hinweg wird dann beschrieben, was Gott alles unternommen hat, um die Liebe seines Volkes zu gewinnen und die Beziehung zum Menschen zu bewahren. Durch unzählige Rückschläge und Enttäuschungen hindurch hält er an Israel fest, lässt sich von ihrer Eigenwilligkeit nicht abschrecken und ist bereit,

immer wieder neu anzufangen ... Das ist eine hochkomplexe, langwäh-
rende Beziehungsgeschichte voller Sackgassen, Abwege und unerwar-
teter Wendungen – kein geradliniger Kurs in Richtung Ziel, sondern
eher eine Expedition auf unwegsamem Gelände – ein Weg, der Gott alles
abverlangt.

Love wins

Und spätestens hier müssen wir auf Jesus Christus selbst zurückkommen.

*Nirgends kommt uns Gott näher und macht er sich verletzlicher als
hier, in diesem Säugling in Bethlehem, in diesem Mann aus Nazareth.*

Jesus beweist, wie ernst es Gott ist mit seiner Vision für uns.

In Jesus begegnet uns dieser Gott höchstpersönlich, der seit Men-
schengedenken seine Liebesgeschichte mit uns schreibt – aber es sieht
zunächst danach aus, als ob die Rebellion seiner Geschöpfe, unsere Eigenwilligkeit und Zerbrochenheit, die Oberhand behält.

Jesus endet am Kreuz.

Dieser Gott, der sich durch seine Liebe zu uns verletzlich macht, dieser Gott, der uns zu seinem Gegenüber erschafft und unsere Gemeinschaft sucht, wird in Jesus Christus buchstäblich aus Jerusalem hinaus-
getrieben – aus seiner Wohnung gejagt – und als Ausgestoßener
hingerichtet. Ist dies das frustrierende Ende der größten Liebesgeschichte aller Zeiten?

Wir sollten uns nicht täuschen lassen.

Gewiss, dieser Gott, der sich uns in Jesus Christus zeigt, beweist unübertrefflich die Verletzlichkeit seiner Liebe. Aber er beweist auch seine
Beharrlichkeit, seine heilige Unnachgiebigkeit im Umgang mit uns Menschen. Dieser Gott verliert sein Ziel nie aus den Augen, und er findet
sogar durch den Tod hindurch Wege, zu uns durchzudringen.

Ja, er ist verletzlich – aber nicht ohnmächtig.

Er lässt sich enttäuschen – aber er verliert nicht den Mut.

Er lässt sich ablehnen – aber er gibt nicht auf.
Er wird hingerichtet – aber er bleibt nicht tot.

In Jesus Christus begegnet uns ein Gott, der gerade *durch* seine verletzliche Liebe die Mächte des Todes besiegt und das Grab aufsprengt – nicht nur buchstäblich in seiner Auferstehung, sondern auch im Leben unzähliger Menschen: Jesus überwindet das, was den Menschen aus der Gegenwart Gottes wegzieht. Seine kompromisslose Liebe legt sich an mit unserem Misstrauen und unserer Eigensucht, die den Menschen von Anfang an auf Zerstörungskurs gebracht hat und Gottes ganze Schöpfung in Mitleidenschaft zieht – und er gewinnt unser Herz wieder.

Er lässt sich nicht abschrecken von der Angst und Feigheit des Petrus, in der dieser seinen Freund verleugnet und sich aus dem Staub macht – nein: Jesus sucht später nach Petrus und gibt ihm eine neue Gelegenheit, seine Liebe zu ihm zu bezeugen und die Geschichte mit ihm weiterzuschreiben. Er gibt Petrus nicht auf, er schreibt ihn nach seinem Versagen nicht ab, sondern macht aus ihm den Leiter einer revolutionären Jesus-Bewegung.

Dieser Jesus lässt sich auch nicht entmutigen von der Feindseligkeit der religiösen Führer, die seinen Tod herbeigesehnt und gegen ihn komplottiert hatten – nein: Er begegnet später gerade einem der eifrigsten Verfolger des aufbrechenden Christentums und gewinnt in ihm einen seiner leidenschaftlichsten Nachfolger. Ausgerechnet der ehemalige Pharisäer und Christenhasser Paulus wird so zum größten Missionar der Jesus-Bewegung.

Genauso wenig lässt sich Jesus einschüchtern von der Bosheit und Grausamkeit der Römer – nein: Noch am Kreuz bittet er für die, die ihn geschunden und gefoltert haben, um Vergebung, er stirbt mit Liebe im Herzen und auf der Zunge. Das bewegt einen römischen Hauptmann, der die Hinrichtung von Jesus beobachtet und verantwortet hat, so sehr, dass dieser zur Überzeugung kommt: „Das war tatsächlich Gottes Sohn!" Unzählige weitere römische Bürger werden in der Folgezeit zu gläubigen Christen – und die Botschaft von Jesus wird auf römischen Straßen in die ganze Welt getragen.

Lass dich nicht täuschen:

*Dieser Gott, der sich in Jesus Christus gezeigt hat,
erreicht mit seiner beharrlichen Liebe, was Manipulation und
Kontrolle nie schaffen werden – er gewinnt die Liebe von Menschen
und schreibt seine Geschichte mit ihnen weiter.*

Im ersten Kapitel haben wir einen Blick auf eine denkwürdige Passage im Hebräerbrief geworfen.

Der Text beschreibt eine Szene aus einem Wettlauf im Stadion: In den Zuschauerrängen sitzen jene prominenten Frauen und Männer, mit denen Gott von Anfang an sein Ziel mit der Menschheit verfolgt hat – unter anderen auch David, Samuel und Jeremia, die wir uns gerade etwas näher angeschaut haben – sie alle feuern jetzt *uns* an in unserem Lauf des Lebens.

Dieses faszinierende Bild kann heutige Leser anstacheln, in ihrem eigenen Lauf des Glaubens ihr Bestes zu geben. Es könnte uns aber natürlich auch einschüchtern. Wenn die mich aus den ersten Reihen anfeuern: Kennen die meine Zweifel und Ängste nicht? Haben die mein Versagen nicht gesehen – haben die nicht mitbekommen, wie oft ich schon gestrauchelt bin auf meinem Weg, wie oft ich schon brutal auf den Latz gefallen bin?

Woher weiß ich denn, dass ich meinen Lauf überhaupt vollenden werde, dass Gott mit meinem Leben ans Ziel kommt?

Gerade darum liebe ich es, wie dieses Bild vom Wettlauf unseres Lebens im Hebräerbrief zugespitzt wird:

„Darum ... wollen wir nicht nach links oder rechts schauen, sondern allein auf Jesus. Er hat uns den Glauben geschenkt und wird ihn bewahren, bis wir am Ziel sind." (Hebräer 12,1-2)

Die Zuversicht, dass Gott mit unserem Leben ans Ziel kommt, erwächst nicht den Heldengeschichten des Alten Testaments. Sie geht aus dem

Blick auf Jesus hervor, der mit den Frauen und Männern Israels seine Geschichte geschrieben hat, und der auch mit uns seine Geschichte schreiben wird!

Wörtlicher übersetzt heißt es an dieser Stelle:

„Lasst uns aufschauen zu Jesus, dem Anfänger und Vollender unseres Glaubens!"

Jesus ist derjenige, der uns begegnet ist und unseren Glauben geweckt hat, uns in Gottes Geschichte hineingenommen hat. Und Jesus ist derjenige, der uns versprochen hat: „Ich bin bei euch bis ans Ende der Welt" (Matthäus 28).

Dieser Jesus lässt uns nicht los. Er schreibt seine Geschichte mit uns und kommt mit unserem Leben ans Ziel, auch durch Rückschläge und Widerstände hindurch. Und einschließlich unserer Dummheiten und Eigensinnigkeiten.

Gott gibt uns nicht auf!

LEGO

Unser Sohn ist absoluter LEGO-Fan. Er hatte schon angefangen, Duplo-Türme zu bauen, als er kaum krabbeln konnte – und die Faszination dieser kleinen bunten Bausteine hat ihn nie mehr losgelassen. Über viele Jahre hinweg konnte man ihm keine größere Freude machen, als mit ihm Zeit beim LEGO-Bauen zu verbringen. Selbst wenn sich nach wochenlangem Regen zum ersten Mal wieder die Sonne blicken ließ – unser Sohn wollte nicht raus auf den Spielplatz, sondern drinnen bei seinen Baustein-Projekten bleiben.

Und manchmal kann man gerade beim Spielen mit den Kindern etwas über Gott und das Leben lernen.

Zumindest ist mir ein Licht aufgegangen, als ich vor einigen Jahren mal wieder mit unserem Sohn vor einem Berg von LEGO-Steinen saß, um mit ihm zusammen etwas zu bauen. Das ist ein besonderer Moment: Unendliche Möglichkeiten liegen vor uns: Was kann aus diesen vielen Bausteinen nicht alles werden!

Ich schlage vor: „Lass uns ein unschlagbar schnelles, sportliches Auto bauen!" Unser Sohn ist sofort dabei. Wir machen uns ans Werk, Louan baut eifrig die Elemente zusammen, sucht sich die Räder und andere Spezialteile heraus ... Aber je länger wir an dem Ding bauen, desto weiter entfernt sich dieses Objekt von einem Auto. Irgendwann ist mein Sohn frustriert: Das ist doch kein Auto, dieses Ding würde niemals fahren können.

Und auch ich muss schließlich zugeben: *Als Auto* ist das jetzt wirklich unbrauchbar geworden. Das sagt man so natürlich nicht, und als ich unser Konstrukt in Händen halte, kommt mir eine Idee: Ja, ein Auto wird das nicht – aber was wir hier doch vor uns haben, ist die *Vorstufe eines prächtigen Unterseebootes!* Unser Sohn lässt sich von diesem Alternativplan spontan begeistern, und so lassen wir die Räder weg und bauen das Ding weiter in Richtung Unterseeboot.

Leider ist auch dieser Versuch nicht von Erfolg gekrönt – und ich höre unseren Sohn bald wieder klagen: Aber das ist doch auch überhaupt kein Unterseeboot! Die Stimmung droht erneut zu kippen, er hat das Gefühl, er hätte alles vermasselt und würde niemals ein großer Ingenieur werden können ...

Und da fällt es mir wie Schuppen von den Augen: Das ist kein Auto, auch kein Unterseeboot – das ist der *Rumpf eines gewaltigen Raumschiffes!* Komm Louan, lass dich nicht entmutigen: „Dem Ingeniör ist nichts zu schwör ..." – wir konstruieren ein Raumschiff! Wie in Ekstase arbeiten wir weiter, wühlen mit neuem Elan in den LEGO-Teilen und bauen ein Spaceship zusammen, bei dessen Anblick selbst Captain Kirk grün vor Neid geworden wäre ...

Und bei dessen Anblick ich plötzlich besser verstehe, auf welche Art und Weise Gott mit uns unterwegs ist.

Viele Christen stellen sich Gottes Geschichte mit uns wie einen LEGO-Bausatz nach Anleitung vor.

Eine Kartonschachtel mit einer Abbildung des Endergebnisses vorne drauf und 1537 Teilen drin. Dazu ein Konstruktionsplan – ein fixer Plan für unser Leben – und den arbeitet Gott mit uns jetzt Seite für Seite durch. Alles ist abgezählt. Jedes Teilchen hat hier seinen vorbestimmten Platz. Ein Riesenprojekt mit Tausenden von Elementen – und diese müssen unbedingt am richtigen Ort landen, damit am Schluss das herauskommt, was Gott sich mit uns gedacht hat.

Aber die Geschichten, die Gott in der Bibel mit seinem Volk und einzelnen Menschen schreibt, erwecken einen anderen Eindruck – sie erinnern doch eigentlich viel mehr an die Interaktivität und Flexibilität beim freien LEGO-Bauen zwischen Vater und Sohn.

Und das sind gute Neuigkeiten.

Vielleicht wirfst du nämlich einen Blick auf dein Leben und weißt: Wenn da alles nach einem festen Bauplan hätte verlaufen sollen, dann ist mein Projekt jetzt schon gescheitert.

Dein Leben fühlt sich im Moment überhaupt nicht nach einer zielführenden Konstruktion an, sondern eher nach einem chaotischen Haufen von Einzelteilen – Ausbildungen, die dir für deine jetzige Tätigkeit gar nichts bringen; Freundschaften, die das Verfallsdatum eigentlich überschritten haben; Erfolgserlebnisse, die du nirgends verwerten kannst; Träume und Visionen, die immer noch in weiter Ferne liegen und immer mehr verstauben – und langsam aber sicher zweifelst du daran, dass es daraus noch etwas Gescheites gibt … langsam befürchtest du, dass du ein „Maybe" bleiben könntest, der sich im Labyrinth des Lebens verlaufen hat und es einfach nicht auf die Kette kriegt.

Lass dich nicht täuschen! Bleib im Rennen – Gott schreibt seine Geschichte mit dir weiter, er fügt die Teile deines Lebens neu zusammen und ist dir immer mindestens eine Idee voraus!

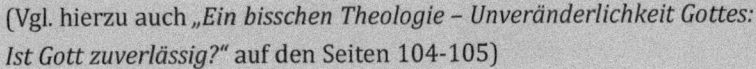

(Vgl. hierzu auch *„Ein bisschen Theologie – Unveränderlichkeit Gottes: Ist Gott zuverlässig?"* auf den Seiten 104-105)

Vielleicht schaust du auch zurück auf kapitale Fehler und auf Dinge, die du brutal in den Sand gesetzt hast – Menschen, deren Vertrauen du verspielt hast; finanzielle Fehlentscheidungen, die dich teuer zu stehen kommen; berufliche Weichenstellungen, die du bitter bereust; Momente des Versagens, die du dir nur schwer vergeben kannst – und du gewinnst den Eindruck, dass du einige Teile deines Lebens völlig falsch zusammengebaut hast. Du weißt: Wenn das Leben nach einem vorbestimmten Bausatz zusammengesetzt wird, dann wird das bei dir höchstens noch „moderne Kunst", aber nichts, das wirklich zum Laufen kommt ...

Lass dich nicht täuschen, lass dich nicht aus dem Rennen werfen: Gott verfolgt seine Absichten mit dir durch alle Fehler und Sackgassen hindurch – und er ist dir immer mindestens eine Idee voraus!

Und selbst wenn du dich erinnerst an tiefe Verletzungen und traumatische Erlebnisse in deiner Biografie – vielleicht tatsächlich der Zerbruch deiner Ehe mit allem Schmerz und aller Enttäuschung, vielleicht sogar die Erfahrung von psychischem oder physischem Missbrauch – und es fühlt sich an, als ob dir wichtige „Bauteile" in deinem Leben geraubt wurden; es fühlt sich an, als ob der „Bausatz deines Lebens" unvollständig ist und niemand dir die fehlenden Teile zurückgeben kann ...

Lass dich nicht täuschen, gib noch nicht auf – denn Gott hat dich längst nicht aufgegeben! Er hat eine Zukunft für dich, er erzählt mit dir eine neue Geschichte, und er ist dir immer mindestens eine Idee voraus!

Er bleibt dran in deinem Leben! Und wenn er es nicht zum Fahren bringt, dann bringt er es zum Schwimmen, und wenn er es nicht zum Schwimmen bringt, dann bringt er es zum Fliegen – auf jeden Fall lässt sich derjenige, der seine Geschichte mit dir angefangen hat, nicht beirren, nicht einschüchtern und nicht verunsichern:

Er wird seine Geschichte mit dir zu einem guten Ende erzählen!

Gott wird seine Geschichte mit dir zu einem guten Ende erzählen!

Just do it! – Fragen zum Weiterdenken

Auch an dieser Stelle können wir kurz innehalten, bevor wir den dritten Teil dieses kleinen Buchs in Angriff nehmen. Die folgenden Fragen können dir helfen, die zentralen Gedanken dieses zweiten Kapitels mit deinem Leben zu verbinden und einige konkrete Konsequenzen daraus zu ziehen. Halte dazu einige Sätze fest – oder besprich die Fragen mit Menschen, die mit dir unterwegs sind:

- Wenn du dir dein bisheriges Leben vor Augen führst: Wo hat Gott im Umgang mit dir schon erstaunliche Geduld und Kreativität bewiesen? An welchen Punkten deiner Biografie bist du selbst erstaunt und dankbar, dass der Glaube dir nicht entglitten ist?
- In welchen Bereichen deines Lebens hast du das Gefühl, in einer Sackgasse gelandet zu sein? Wo hast du diese Versicherung Gottes bitter nötig, dass ihm die Ideen mit deinem Leben noch nicht ausgegangen sind und dass er mit dir noch viel Gutes vorhat?
- Wo habe ich in meinem eigenen Leben erfahren, dass Liebe auch ein Wagnis ist und manchmal Verletzungen mit sich bringt? Inwiefern habe ich das Gefühl, dass auch mein Vertrauen in Gott manchmal enttäuscht wurde?
- Welche Menschen in meinem Umfeld ermutigen mich, nicht aufzugeben und mich nicht einschüchtern zu lassen, sondern mit Gottes Gegenwart neu zu rechnen? Mit wem könnte ich mich mal treffen, um ein Mut machendes Gespräch zu führen?
- Gibt es einen handfesten Schritt, den ich wagen könnte, um mir selbst und Gott zu signalisieren: „Ich bin dabei, ich lass mich auf das Abenteuer mit dir neu ein"?

Ein bisschen Theologie

UNVERÄNDERLICHKEIT GOTTES: IST GOTT ZUVERLÄSSIG?

„Man fragt sich, wie jemand, der die Bibel liest, auf die Idee kommen kann, der biblische Gott sei überzeitlich, unveränderlich und unwandelbar. Nichts scheint dem biblischen Zeugnis mehr zu widersprechen als diese Aussage."[16]

Der renommierte katholische Theologe Armin Kreiner spricht hier eine eigentümliche Spannung an: Auf der einen Seite hat sich die Überzeugung der absoluten Unveränderlichkeit Gottes tief ins religiöse Bewusstsein der Menschen eingeschrieben. *„Gott verändert sich nie!"*, das weiß irgendwie jeder (sogar diejenigen, die gar nicht mehr an Gott glauben). Auf der anderen Seite kommt uns im Zeugnis der Bibel ein Gott entgegen, der als Teilhaber der Geschichte Israels und der Gemeinde nicht nur einen äußerst beweglichen, flexiblen, anpassungsfähigen Eindruck macht, sondern der sogar ausdrücklich *etwas werden kann, was er vorher nicht war* – nämlich ein Mensch in Fleisch und Blut, oder noch konkreter: ein Zimmermann aus Nazareth (vgl. Johannes 1,14).

Vielleicht stehen diese beiden Eindrücke aber nicht ganz unversöhnlich gegeneinander. In den biblischen Überlieferungen wird nämlich nicht von der Unveränderlichkeit Gottes gesprochen, sondern vielmehr von der *unerschütterlichen Treue Gottes zu den Menschen* (vgl. etwa Maleachi 3,6; oder Psalm 102,28-29). Im Unterschied zur „Unveränderlichkeit" ist „Treue" aber kein philosophisch-absolutes Konzept, sondern ein Beziehungsbegriff: *Treu ist, wer durch dick und dünn zum anderen steht – und sich darum auch als kompromisslos vertrauenswürdig erweist.*

Im Begriff der Treue ist also beides enthalten: Ein *Moment der Unveränderlichkeit* – Gott ist nicht wankelmütig, flatterhaft oder unberechenbar, sondern unbedingt zuverlässig und beständig –, aber eben auch ein *Moment der Veränderlichkeit*: Gott ist nicht statisch, unbeteiligt, sondern zutiefst bewegt vom Schicksal seiner Geschöpfe. *Dabei stehen diese beiden Momente nicht nur konfliktfrei nebeneinander: Sie bedingen sich sogar gegenseitig.* Gott ist in mancherlei Hinsicht veränderlich, gerade *weil* er sich in anderer Hinsicht niemals verändert – und spezifischer: Gott lässt sich in seiner Geschichte mit den Menschen bewegen und zu Anpassungen und Veränderungen hinreißen, gerade *weil* er in seiner Liebe zum Menschen absolut unerschütterlich ist.

Die Logik, die hinter dem Grundsatz der Unveränderlichkeit Gottes Jahrtausendelang stand, muss darum überholt werden: Seit der Zeit des griechischen Philosophen Platon wurde jede Veränderung in Gott abgelehnt, weil *Gott sich weder zum Besseren noch zum Schlechteren verändern kann* (im ersten Fall wäre er dann ja vorher nicht vollkommen gewesen, im letzteren Fall wäre er danach nicht mehr vollkommen). Im Blick auf den Gott der Bibel tritt nun eine dritte Möglichkeit vor Augen: *Gott kann sich verändern als Ausdruck seiner selbst: Er geht veränderlich auf den Menschen ein und beweist gerade damit sein unveränderlich liebendes Wesen.*

3. Halte fest, was wirklich zählt

Kontrastgeschichten

In seinem Dienstwagen raste er auf eine scharfe Kurve zu.
Bergab.
Mit 110 Stundenkilometern.
Und stockbesoffen.
Die letzten Jahre hat er ein wildes Leben geführt. Er ist zwar in einem christlich geprägten Elternhaus aufgewachsen – sogar in einer Pfarrersfamilie – und hat den Glauben an Jesus von klein auf mitbekommen. Schon in seinen Kinderjahren hat er begonnen, zu Gott zu beten und mit ihm zu rechnen. Aber in seiner Jugendzeit ist er dann ziemlich weit von einem gesunden Weg abgekommen.

Eigentlich hat es mal recht vielversprechend angefangen: Als Verkäufer in einer internationalen Firma wurde er schon in seinen frühen 20er-Jahren ausgesprochen erfolgreich. Er hat die Bewunderung anderer in vollen Zügen genossen und sein Geld mit beiden Händen ausgegeben. Aber er war nicht glücklich.

Auf der Suche nach Erfüllung hat er zum Alkohol gegriffen und ist schnell in einer massiven Sucht gelandet. Was mit ein paar Bierchen zur Beruhigung angefangen hat, wurde zum Konsum von ein oder zwei Flaschen Wodka pro Tag. Sein Leben lief immer mehr aus dem Ruder. Und irgendwann hat er sich zurückerinnert an diesen Jesus, den ihm seine Eltern nahegebracht hatten. Noch gefangen in seiner Abhängigkeit und mitten im Chaos seines Lebens fängt er an, Gott um seine Hilfe zu bitten.

Das klingt jetzt wie eine moderne Adaption jenes Gleichnisses, das Jesus vom verlorenen Sohn erzählt – und in gewissem Sinne ist es das natürlich –, aber es ist die reale Geschichte eines jungen Mannes, den ich in unserer Kirche kennenlernte.

Elias erzählt, wie sein Leben eines Tages an einen (wortwörtlichen)

Wendepunkt gekommen ist – an dem besagten Abend nämlich, als er im Auto in diese Kurve fährt. Eine halbe Flasche Wodka hat er schon intus. Seine Sicht verschwimmt, und er spürt, wie sein Bewusstsein sich vernebelt. Beim Blick auf den Tacho weiß er sofort: Das war's jetzt.

Sayonara.

Sein Wagen kracht mit voller Wucht gegen die Leitplanken, bricht über die Absperrung hinaus auf den Abhang zu ...

In diesem Moment fühlt es sich für Elias an, als ob eine unsichtbare Hand sein Auto aus der Luft ergreift und zurück auf die Straße stellt. Die Polizei, die später die Unfallstelle untersucht, spricht selbst von einem Wunder – die Leitplanken wurden durch die Kollision aus der Verankerung gerissen und zeigen meterweise von der Straße weg ins Leere. Keiner kann sich erklären, wie ein Auto in einer Steilkurve derart ausbrechen kann und danach wieder sauber auf der Straße landet.

Für Elias war das ein Schlüsselerlebnis, durch das Gott nicht nur sein Auto, sondern auch sein Leben schrittweise wieder auf einen guten Kurs brachte.

Und weil es so schön ist, gleich noch eine geistliche „Erfolgsmeldung" – nämlich die Geschichte eines Pärchens, das ich vor einigen Jahren trauen durfte.

Von Anfang an war für sie klar, dass sie eine Familie gründen würden. Über die gewünschte Anzahl der Kinder hatten sie noch keine Einigung erlangt (er dachte so etwa an zwei, sie eher an zwölf ...) – aber *dass* sie miteinander Nachwuchs haben wollten, war unbestritten.

Nur die Natur wollte nicht mitmachen.

Zwei Jahre lang sind sie von einem Spezialisten zum anderen gepilgert, haben alle möglichen und unmöglichen Tests und Abklärungen über sich ergehen lassen – und finden sich schließlich im Sprechzimmer eines Arztes wieder, der ihnen bestätigt, was sie langsam, aber sicher befürchteten: Sie werden aus medizinischen Gründen keine Kinder haben können.

Für die beiden ist eine Welt zusammengebrochen, besonders die

Frau geht in den folgenden Monaten durch eine tiefe Lebenskrise. Wie oft hat sie gehofft, schwanger zu werden, wie oft haben sie gebetet und Gott ihren Wunsch nach Kindern vorgebracht – alles vergeblich.

Etwa ein Jahr nach dem niederschmetternden Befund des Arztes fassen sich die beiden ein Herz und besuchen einen Kurs für Pflegeeltern. Wenn sie auf natürlichem Wege keine Kinder bekommen konnten, dachten sie, dann möchten sie einem Pflegekind ihre Liebe schenken. Bereits nach dem dritten Kurstag brechen sie allerdings das Ganze ab.

Der Grund? Die Frau war schwanger!

Was für ein Geschenk!

Ich erinnere mich noch genau an den Abend acht Monate später, als ich vom stolzen Vater eine SMS bekommen habe: „Unser Sohn Matheo ist geboren! Halleluja!", hat er geschrieben.

Ja, wirklich: Halleluja!

Aber habe ich in derselben Nacht noch eine andere SMS bekommen.

Auch eine Nachricht, die eine junge Familie aus unserer Kirche betraf. Sie haben schon ein Jahr zuvor ihr erstes Kind bekommen und besuchen seither zu dritt unsere Gottesdienste, sooft sie es schaffen. Ben, der stolze Vater, hat allerdings einen anspruchsvollen Beruf, der auch manche Wochenenden einnimmt: Er ist Teil einer Spezialeinheit der Polizei, die bei besonderen Bedrohungen und Terrorgefahren eingesetzt wird.

Gerade am vorausgehenden Sonntag hat er bei unserem Gebetsteam einen Zettel ausgefüllt mit einem aktuellen Anliegen: „Ich bin nächste Woche mit unserer Einheit an einer Sprengstoffausbildung", schreibt er, „bitte betet mit, dass Gott uns bewahrt und vor Unfällen schützt."

Er ist von dieser Ausbildung nie mehr nach Hause gekommen.

Ausgerechnet der Sprengsatz, an dem Ben arbeitet, weist einen Materialfehler auf. Die Explosion reißt ihm Gliedmaßen ab, entstellt sein Gesicht und lässt ihn sofort erblinden. Die Kurznachricht, die mich am Abend der Geburt von Matheo erreicht, informiert mich über seine Einlieferung ins Spital. In derselben Nacht erliegt er auf der Intensivstation seinen Verletzungen. Er hinterlässt eine junge Witwe mit ihrem einjährigen Sohn.

Ein Abend.

Zwei Nachrichten.

Und zwei grundverschiedene Familienschicksale.

Und wenn ich noch einmal auf das atemberaubende Erlebnis von Elias zurückkommen darf: *Es erinnert mich an eine Geschichte, die ich selbst als Kind mit unserer Familie erlebt habe.* Auch diese Geschichte war ein Einschnitt oder ein Schlüsselmoment in unserem Leben.

Wir waren unterwegs in die Skiferien – ich bin gerade elf Jahre alt geworden, mein Bruder war damals neun und meine kleine Schwester erst zarte zwei Jahre alt. Vor der Abfahrt am frühen Morgen haben unsere Eltern im Auto mit uns zusammen gebetet, dass Gott unsere Fahrt segnet und uns wohlbehalten ans Ziel führt. Und auf der Autobahn hat mein Vater wieder das Lied angestimmt, das wir auf längeren Strecken immer gesungen haben: „In meinem Auto ist Jesus Steuermann", heißt es da, „und mit ihm fahre ich sicher durch das Land". Ich weiß nicht mehr, ob ich als angehender Teenager das Lied schon doof fand – auf jeden Fall erinnere ich mich an Text und Melodie noch genau.

Und dann sind auch wir auf eine Kurve zugefahren.

Nicht bergab, sondern bergauf – zwei Kilometer vor dem Ziel in den Schweizer Bergen. Und nicht mit 110, sondern eher mit 15 oder 20 Stundenkilometern.

Ja, eigentlich waren wir sogar zu langsam unterwegs. In der schattigen Kurve hatte sich nämlich Schneematsch und Dreck gesammelt, der die Räder unseres Autos durchdrehen ließ und ihm den Schwung raubte. Wir kamen nicht mehr voran, und allmählich drehte sich der Wagen von der Straße weg und rutschte mit der Front voran Richtung Abhang. Meine Mutter schrie hysterisch, wir Kinder auf dem Rücksitz begriffen nicht richtig, was geschah. Mein Vater versuchte die Situation noch zu retten, aber die Vorderräder glitten schon über den Rand der Straße.

Für eine kurze Zeit wiegte das Auto auf der Bergkante auf und ab – in diesen Augenblicken riss ich die Tür auf (damals kannte man weder Kindersicherungen noch Anschnallpflichten) und sprang aus dem Wagen. Ich rollte den steilen Abhang herunter und landete in einer kleinen Ausbuchtung oder Delle auf der schrägen Wiese. Ehe ich mich halbwegs orientieren konnte, folgte mir unser Auto mit dem Rest der Familie.

Bis zum heutigen Tag habe ich die verzweifelten Schreie meines Vaters im Ohr. „Jesus!", schrie er unentwegt. „Jesus, hilf!"

Der Wagen überschlug sich wild. Ein großer Schatten bäumte sich über mir auf, dann spürte ich, wie der Volvo-Kombi auf mich herabfiel. Das Auto blieb aber in Bewegung und stürzte mit Getöse noch weitere 100 Meter den Berg hinunter. Schlitten, Skis und Autoteile wurden in alle Himmelsrichtungen geschleudert. Ein Baum brachte das vierrädrige Geschoss schließlich zum Stillstand – kurz vor einem senkrechten Steilhang.

Unser Leben ist danach nie mehr dasselbe gewesen.

Auch in unserem Fall hat die Polizei danach von einem Wunder gesprochen. Niemand konnte glauben, dass aus diesem völlig demolierten, praktisch zerlegten Wagen noch vier Menschen lebendig herausgekommen sind. Und dass ich weiter oben am Hang die Begegnung mit fast zwei Tonnen Stahl und Blech überlebt habe: Das kleine Loch, in dem ich gelegen habe, hat mich geschützt – bis auf meinen Unterschenkel, der vom Druck des Wagens zertrümmert wurde.

Nach einem halben Jahr im Spital und 21 Operationen, inklusive mehrerer Haut-, Knochenmark- und Gewebetransplantationen, war ich (buchstäblich) wieder auf den Beinen. Mein Bruder dagegen hat beim Aufprall des Autos eine starke Hirnblutung erlitten. Er wäre am Unfallort beinahe gestorben, wurde dann im Hubschrauber gerettet und befand sich 4 Wochen im Koma. Entgegen der Prognose der Ärzte ist er aus der Bewusstlosigkeit wieder aufgewacht und hat mit den Monaten auch wieder sprechen und laufen gelernt. Er leidet aber bis heute körperlich und geistig an den Folgen des Unfalls.

Was habe ich vom Glauben?

Wir sind in dieses Buch eingestiegen mit dem doppelten biblischen Bericht von der Erschaffung des Menschen: Gott schafft den Menschen „zu seinem Ebenbild", als sein persönliches Gegenüber (1. Mose 1) – und dazu formt er ihn wie ein Töpfer aus dem Staub oder Lehm des Erdbodens und haucht ihm nach der poetischen Beschreibung der Bibel auf Augenhöhe den Atem des Lebens ein (1. Mose 2).

Damit startet ein Abenteuer, eine echte Liebesgeschichte zwischen dem Schöpfer und seinen Geschöpfen. Eine Geschichte, deren Kurs nicht von Gott einseitig festgelegt, sondern von uns mitbestimmt wird. Gott sucht nach dem Menschen, er will unsere Liebe gewinnen – und wir können auf sein Werben reagieren, wir können uns darauf einlassen oder uns Gottes guten Absichten entgegenstellen. Jener Gott, dessen wahres und tiefstes Wesen Liebe ist, macht sich dabei erstaunlich verletzlich. *Er wagt die Liebe – und lässt sich zurückweisen, verraten und enttäuschen.* Ja, er lässt sich in Jesus Christus sogar verurteilen, geißeln und hinrichten.

Aber er gibt nicht auf!

Wir haben das letzte Kapitel beendet mit Bewunderung für die Beharrlichkeit Gottes. Seine Liebe ist verletzlich – aber sie lässt sich nicht entmutigen. Gott hält unnachgiebig fest an seinem Weg mit der Menschheit und an seinen guten Absichten für unser persönliches Leben. Dieser Einsicht wollen wir hier noch mehr auf den Grund gehen.

Was genau können wir vom Leben mit diesem Gott erwarten?

Womit können wir rechnen, wenn wir uns auf diese Liebesgeschichte einlassen? Wenn wir schon die ganze Zeit von einem risikoreichen Abenteuer sprechen, in das Gott mit uns eintritt: Welche Sicherheiten haben wir in diesem Abenteuer? Etwas frecher noch: Was bietet mir der Glaube an diesen Gott eigentlich so alles?

Und im Blick auf die Kirche formuliert: *Was haben christliche Glaubensgemeinschaften den Leuten konkret zu bieten? Welche Versprechen können Kirchen und Gemeinden ihren Besuchern im Namen des Glaubens machen?*

Die Siegerliste (Hebräer 11 zum Ersten ...)

Lass uns auf der Suche nach einer Antwort auf das Kapitel im Hebräerbrief zurückkommen, das wir uns bereits angeschaut haben: Dieser grandiose Rückblick auf Gottes Geschichte mit den Glaubensheldinnen und -helden des Alten Testaments. Der Text führt uns das Leben von Noah, Abraham, Sara, Mose und vielen anderen vor Augen – und irgendwann scheint der Verfasser zu ahnen, dass sich eine SMS- und Twitter-Generation einmal über die Länge des Briefes beschweren wird, wenn er auf alle weiteren erwähnenswerten Figuren aus der Geschichte Israels auch noch eingeht, deshalb bietet er uns jetzt eine knappe Zusammenfassung:

„Wie viele andere Beispiele wären noch zu nennen! Die Zeit fehlt mir, um auf Gideon und Barak einzugehen, auf Simson und Jiftach, auf David und Samuel und auf die Propheten.

Was haben Menschen wie sie durch ihren Glauben nicht alles zustande gebracht!

Sie bezwangen Königreiche, sorgten für Recht und Gerechtigkeit und erlebten, wie sich Gottes Zusagen erfüllten. Sie hielten Löwen das Maul zu, sie blieben mitten im Feuer unberührt von den Flammen, sie entkamen dem tödlichen Schwert. Als sie schwach waren, gab Gott ihnen neue Kraft. Weil sie sich auf Gott verließen, vollbrachten sie wahre Heldentaten und schlugen die feindlichen Heere in die

Flucht. Und einige Frauen erlebten, wie ihre verstorbenen Angehöri-
gen von Gott auferweckt wurden." (Hebräer 11,32-35[10])

Wow.

Das ist mal eine Liste! Im Glauben Siege erringen und Wunder erleben – wie der junge Daniel den Löwen ihr hungriges Maul zuhalten,
durch einen Feuerofen spazieren, ohne dass auch nur eines meiner
frisch frisierten Haare versengt wird, tödlichen Gefahren entgehen und
vor Kraft nur so strotzen, Heldentaten vollbringen und sogar Toten-
auferweckungen miterleben – wer würde dafür nicht unterschreiben!

Theologen nennen diesen glorreichen Überblick den „Siegerkatalog"
des Hebräerbriefs – und nicht wenige Christen haben sich auf diese Liste eingeschworen:

Jawohl, so sieht Glaube in Aktion aus!

*Das ist es doch, was uns Gott in Aussicht stellt, wenn wir uns auf das
Abenteuer mit ihm einlassen: Glaubenssiege und Erfolgserlebnisse, Bewahrung vor den Nöten und Gefahren des Lebens und Gottes übernatür-
liches Eingreifen!*

Fast ein wenig werde ich hier an meine Computerspiel-Phase erinnert, der ich bereitwillig meine Teenagerzeit geopfert habe. Tausende
von Stunden habe ich mich damals durch virtuelle Welten voller Gefahren, Rätsel und Hindernisse gekämpft. Jeder Fehltritt und jede Unacht-
samkeit konnte einen kostbare Energie kosten oder sogar den Tod bringen. Darum war ich mit meinen Spielkollegen immer auf der Suche nach
einem sogenannten „Cheat-Modus": Den haben die meisten Spieleher-
steller früher in die Programme eingebaut, und nur Eingeweihte konnten ihn aktivieren. Durch eine bestimmte Tastenkombination oder sonst
einen Trick konnte man sich auf diese Weise „unendlich viele Leben"
besorgen, einen „Energiebalken", der sich nie erschöpft, und manchmal
sogar einen dauerhaften „Shield", mit dem man inmitten aller Angreifer
unverwundbar wurde.

Natürlich würde keiner das so plakativ behaupten, aber unterschwel-
lig herrscht in manchen christlichen Kreisen doch die Vorstellung, dass

Gott seine „Eingeweihten" gewissermaßen im „Cheat-Modus" durchs Leben manövriert. Zumindest wenn du wirklich *alles* richtig machen würdest – wenn du dich 100% auf Gott verlassen und alle „biblischen Prinzipien" kompromisslos umsetzen würdest, wenn du dich auf jedem Schritt von ihm führen ließest und alle Verheißungen Gottes in Anspruch nehmen würdest – dann könnte dir diese Welt eigentlich nichts mehr anhaben.

Dann wärst du unaufhaltsam auf Erfolgskurs: Jede Idee, die du anpackst, würde zu Gold werden, jede Tür, an der du anklopfst, würde aufgehen, jedes Hindernis, das sich dir in den Weg stellt, müsste weichen und jede Bedrohung wäre gegenstandslos. „Selbst wenn tausend neben dir tot umfallen, ja, wenn zehntausend in deiner Nähe sterben – dich selbst trifft es nicht!", heißt es doch schon in den Psalmen (Psalm 91,7). Auch das Versprechen von Erfolg und Reichtum oder die Aussicht auf Zeichen und Wunder lässt sich selbstverständlich durch ausgewählte Bibelstellen stützen – Verse, die von glanzvollen amerikanischen Fernsehpredigern eifrig zitiert und auf das Leben des einzelnen Zuschauers angewandt werden: Der Glaube an Gott (und eine kleine Spende an die unten eingeblendete Adresse ...) sichert dir übernatürlichen Schutz, gelingende Geschäfte, Glück für die ganze Familie und Gesundheit bis ins hohe Alter ...

Ganz so vollmundig treten in unseren Breitengraden die Wenigsten auf. Aber auch hierzulande pflegen christliche Gemeinden nicht selten eine eigentümliche Erfolgskultur, die auf der unausgesprochenen Annahme beruht:

Wer Christ ist und seinen Weg mit Gott geht, bei dem sollte wenigstens theoretisch alles glattlaufen.

Ausnahmen dazu können höchstens als vorübergehende Irritationen anerkannt werden. Über Probleme spricht man darum am besten erst, wenn man sie überwunden hat und triumphierend darauf zurückschauen kann. Ängste und Bedrohungen macht man dann zum Thema, wenn sie unbeschadet überstanden sind und man also ein „Zeugnis" der Bewahrung Gottes zu erzählen hat:

Früher, vor einem Jahr, oder vor zehn Jahren – je weiter weg, desto besser –, da bin ich an einem persönlichen Tiefpunkt angelangt.

Da sind wir durch eine schwere Ehekrise gegangen.

Da hat mich eine Depression eingeholt.

Da war ich todkrank.

Da bin ich mit meinem Geschäft im finanziellen Ruin gelandet.

Und dann – das muss jetzt unbedingt kommen! –, *dann* hat Gott eingegriffen und den Karren meines Lebens wieder aus dem Dreck gezogen!

Solche Zeugnisse sind massentauglich.

Mit Problemen in der Vergangenheit kann man unter Christen noch gut landen. Mit solchen in der Gegenwart, die sich einer wunderbaren Auflösung hartnäckig widersetzen, oft weniger ...

Zumindest eine Gemeinschaft, die ihren Glauben an bestimmten Erfolgserwartungen definiert, weiß mit anhaltenden Misserfolgen und Niederlagen, mit unüberwindlichen Leiden und Verlusten, mit Krankheiten und Trauer nicht viel anzufangen. Menschen, die bleibend damit zu kämpfen haben, stehen hier irgendwie „quer zum System". Sie fühlen sich auch bald einmal fehl am Platz.

Und dazu würden wohl auch jene Frauen und Männer gehören, von denen die Fortsetzung unseres Textes spricht. Die Liste der Glaubensmenschen im Hebräerbrief ist mit dem „Siegerkatalog" nämlich nicht abgeschlossen ...

Die Loserliste (Hebräer 11 zum Zweiten ...)

Nachdem Gottes Bewahrung und Eingreifen in der Geschichte Israels hochgehalten und gefeiert wurde, lesen wir weiter:

„Andere, die auch Gott vertrauten, wurden gequält und zu Tode ge-
foltert. Sie verzichteten lieber auf ihre Freiheit, als ihren Glauben zu
verraten. Die Hoffnung auf ihre Auferstehung gab ihnen Kraft.
Wieder andere wurden verhöhnt und misshandelt, weil sie an
Gott festhielten. Man legte sie in Ketten und warf sie ins Gefäng-
nis. Sie wurden gesteinigt, mit der Säge qualvoll getötet oder mit
dem Schwert hingerichtet.
Heimatlos, nur mit einem Schafpelz oder Ziegenfell bekleidet, zo-
gen sie umher, hungrig, verfolgt und misshandelt. Sie irrten in Wüs-
ten und im Gebirge umher und mussten sich in einsamen Tälern und
Höhlen verstecken – die Welt war es nicht wert, sie in ihrer Mitte zu
haben." (Hebräer 11,35-38)

Ok. Das ist jetzt nicht ganz so ermutigend. Das klingt eher nach einem
wüsten Kinofilm, dessen Auswahl man schon vor der Pause bereut, weil
einem die Popcorn im Hals stecken geblieben sind ...
Was ist denn hier bitte schiefgelaufen?
Warum funktioniert es bei denen nicht richtig mit der Bewahrung Gottes vor Gefahren und Bedrohungen, mit den Wundern zur rechten Zeit,
mit dem glorreichen Sieg über die Widersacher? Haben die vielleicht zu
wenig geglaubt, nicht genug Erwartung an Gottes Eingreifen gehabt?
Nein. Der Hebräerbrief sagt sogar ausdrücklich zum Abschluss dieser
zweiteiligen Liste:

„Sie alle haben Gott vertraut, deshalb hat er sie als Vorbilder für uns
hingestellt." (Hebräer 11,39)

Sie *alle* haben Gott vertraut.
Die einen wurden durch den Glauben von den Toten auferweckt, die
anderen wurden in demselben Glauben qualvoll ums Leben gebracht.
Der Text hier wiederholt teilweise – sicher sehr bewusst – sogar den
exakten Wortlaut aus dem „Siegerkatalog": Im ersten Teil der Liste heißt
es, dass einige durch den Glauben „dem tödlichen Schwert entkamen",

und im zweiten Teil der Liste heißt es, dass andere in demselben Glauben „mit dem Schwert hingerichtet" wurden.

Derselbe Glaube, *der Menschen Wunder der Bewahrung, Heilung, Totenauferweckung erleben lässt, führt Menschen auch in massive Bedrängnis und sogar in den Tod.*

Das ist nicht nur das Fazit aus dem Leben der Glaubensheldinnen und -helden des Alten Testaments – das ist auch die Erfahrung der ersten Nachfolger von Jesus. Viele Christen lesen die Apostelgeschichte wie eine einzige Erfolgsgeschichte, wie einen andauernden Rausch an Zeichen und Wunder, einen unaufhaltsamen geistlichen Höhenflug: Ach, wenn wir doch diese Zeiten wieder erleben könnten!

Und tatsächlich gibt uns die Apostelgeschichte allen Grund, Gottes Wirken *in* unserem Leben und *durch* unser Leben zu erwarten und uns nicht mit der „Normalität" zufriedenzugeben.

Aber wir sollten nicht überlesen, dass man auch anhand der Apostelgeschichte eine zweite Liste von Glaubenserfahrungen erstellen kann – eine Liste mit Bedrohungen, die den Aposteln die Nächte geraubt haben, mit Sorgen, die sie umgetrieben, und Verlusten, die sie erlitten haben. Mit existenziellen Nöten, mit Anfeindungen und mit Hinrichtungen zum Tod (man vergleiche dazu auch den biografischen Rückblick von Paulus in 2. Korinther 11,23-33). Elf der zwölf ersten Jünger von Jesus sind zumindest gemäß der kirchlichen Überlieferung nicht eines natürlichen Todes gestorben. Diese Liste wird es wohl nie als inspirierende Notiz an deine Kühlschranktüre schaffen:

Simon Petrus: ursprünglicher Beruf Fischer, Missionar unter den Juden, kommt bis nach Rom und wird dort mit dem Kopf nach unten gekreuzigt.

Andreas: Bruder des Petrus, auch Fischer, Missionar in Kleinasien, wird an einem Kreuz mit schrägem Balken gekreuzigt („Andreaskreuz").

Jakobus (der Ältere): ebenfalls früher ein Fischer – dann Missionar in Judäa, dort von Herodes Agrippa I. hingerichtet.

Philippus: Missionar in Kleinasien, Märtyrertod.

Bartholomäus: Missionar in Armenien, Märtyrertod.

Thomas – der „Zweifler", wurde zum Missionar in Persien und Indien, Märtyrertod.

Matthäus Levi, der Zöllner: Missionar in Äthiopien, Märtyrertod.

Jakobus (der Jüngere): Missionar in Palästina und Ägypten, wird in Ägypten gekreuzigt.

Judas Thaddäus: Missionar in Assyrien und Persien, wird in Persien für seinen Glauben hingerichtet.

Simon, der ehemalige „Zelot": Märtyrertod durch Kreuzigung.

Dann noch **Matthias:** Der Jünger, der nach der Auferstehung von Jesus berufen wurde. Er wurde Missionar in Äthiopien und starb dort den Märtyrertod.

Paulus, ehemaliger Schriftgelehrter, wird zum „Apostel der Heiden" und findet wahrscheinlich in Rom unter Nero sein Ende.

Und schließlich – ein Lichtblick sozusagen: **Johannes**, dem das gleichnamige Evangelium zugeschrieben wird: Er wirkt als Missionar in Kleinasien und wird dann auf die Insel Patmos verbannt. Das ist zwar kein Strandurlaub in unserem Sinne, aber er stirbt dort als Einziger von allen erstberufenen Jüngern Jesu ohne Gewaltanwendung und im hohen Alter.

Ich bin vor einiger Zeit auf eine Illustration gestoßen, die diese Spannung zwischen den beiden Listen im Hebräerbrief – oder vielleicht besser: die Spannung zwischen populären Erwartungen an den christlichen Glauben und dem Schicksal vieler der gefeierten Glaubensvorbilder – bitterböse auf den Punkt bringt. Die Illustration spielt mit einem Spruch, der als zentrales Statement eines christlichen Traktates berühmt geworden ist: „Gott liebt dich und hat einen wunderbaren Plan für dein Leben", heißt es auf dieser kleinen Faltbroschüre, die in über 200 Sprachen übersetzt wurde und von der weltweit nicht weniger als 2,5 Milliarden Exemplare verteilt wurden.

Gott liebt dich und hat einen wunderbaren Plan für dein Leben – diese
Aussage ist sicher nicht unwahr. Aber sie weckt in einer individualisti-
schen, konsumorientierten Gesellschaft gerne falsche Erwartungen.

Und darum setzt diese satirische Zeichnung just diesen Spruch unter ein
Bild in einem römischen Stadion – die Zuschauerränge gefüllt mit begeisterten Beobachtern, und im Sand der Arena, dicht zusammengedrängt:
alte Männer, junge Frauen, Kinder ... Es sind Christen, die den grausamen
Verfolgungen des ersten Jahrhunderts zum Opfer gefallen sind und hier
entsetzt mit ansehen, wie die ausgehungerten Raubtiere aus den Käfigen
gelassen werden. Und wir wissen aus den Geschichtsbüchern, dass die
Löwen nicht wie bei Daniel an ihnen vorbeigegangen sind ...

„Gott liebt dich und hat einen wunderbaren Plan für dein Leben.“

Sicher.

Aber er verfolgt diesen „Plan“, diese guten Absichten für uns nicht im
luftleeren Raum, schon gar nicht unter Idealbedingungen, sondern vielmehr mitten in einer durcheinandergeratenen Schöpfung. Gott schreibt
seine Liebesgeschichte mit dir innerhalb einer epischen Tragödie – mitten in einer zerbrochenen Realität. Die Theologen würden sagen: mitten in einer „gefallenen Welt“.

Hier stimmt doch was nicht!

Die meisten sind schon selbst draufgekommen – ich halte es hier aber
noch einmal ausdrücklich fest:

Mit dieser Welt stimmt etwas nicht.

Der Verdacht, der dich beim Anblick der Tagesschau oder beim Lesen
der Gratiszeitung auf dem Weg zur Arbeit beschleicht, ist berechtigt:
Unsere Welt ist aus dem Lot geraten.

Darum sagt auch unser Text im Hebräerbrief, nachdem all die tragischen Märtyrerschicksale aufgezählt werden, sehr zugespitzt:

„... die Welt war es nicht wert, sie in ihrer Mitte zu haben." (Hebräer 11,38)

Diese Welt hat die Glaubensheldinnen und -helden nicht behandelt, wie sie es verdient haben. Das Leben hat es nicht gut mit ihnen gemeint. Und das kommt vor.

Den besten Menschen können die schlimmsten Dinge passieren. „Only the Good Die Young", singt Billy Joel. Das ist natürlich Quatsch, denn der Tod ist nicht wählerisch und kennt keine moralischen Vorlieben, aber zumindest stellt sich dieser Slogan gegen die Vorstellung, das Leben würde uns gerecht behandeln. Nein, auch die besten, aufrichtigsten, liebenswürdigsten Menschen, auch jene mit dem kompromisslosesten, ungetrübtesten und hingebungsvollsten Glauben, kann in dieser Welt ein grauenvolles Schicksal ereilen.

Das ist übrigens das zentrale Motiv hinter einem bekannten Buch der Bibel: *Die ganze Lebensgeschichte von Hiob ist die idealtypische Erzählung eines Mannes, der alles richtig gemacht hat und nur das Falsche dafür kriegt.*

Gleich im ersten Vers wird sein tadelloser Lebenswandel hervorgehoben, und noch in der Einleitung des Buchs prahlt Gott selbst vor seinem himmlischen Hofstaat über die Frömmigkeit dieses Mannes – „denn es gibt keinen wie ihn auf Erden: ein Mann, so rechtschaffen und redlich, der Gott fürchtet und das Böse meidet!" (Hiob 1,8; eine andere Übersetzung formuliert sogar: „Er ist der beste Mensch, der auf der Erde lebt ...")

Und just über diesen Mann bricht nun in mehreren haushohen Wellen unsägliches Leid herein. Ein Bote nach dem anderen bringt ihm die sprichwörtlich gewordenen „Hiobsbotschaften": Beduinen haben deine Ländereien überfallen, alle deine Angestellten umgebracht und alle Rinder und Esel mitgenommen! Ein Unwetter hat deine Schaf- und Ziegenherden mitsamt aller Hirten vernichtet! Nomaden haben sämtliche Kamele in deinem Besitz geraubt und alle deine Reiter getötet! Ein Wirbelsturm hat deine Kinder während eines Festes überrascht und in den Tod gerissen!

Hiob verliert alles. Zum Schluss auch seine Gesundheit und die Liebe seiner Frau.

Und da sitzt er dann in seinem Elend – nur seine drei besten Freunde sind noch bei ihm und „verstehen die Welt nicht mehr", wie man so schön sagt. Und weil sie die Welt nicht mehr verstehen, versuchen sie sie nachträglich zu erklären. Sie wollen die Dinge wenigstens in ihrem Kopf wieder zurechtrücken.

Über rund 30 Kapitel hinweg suchen diese Freunde also plausible Gründe für das Leid von Hiob. Bestimmt hat Hiob durch eine heimliche Sünde sein Schicksal selbst verschuldet, mutmaßen sie an einer Stelle. Schließlich lässt das Leben keinen Unschuldigen derart leiden (Hiob 4,7-9). Oder es handelt sich beim Leiden Hiobs um eine vorübergehende Erziehungsmaßnahme Gottes zur Läuterung seiner Seele. Eigentlich sollte er Gott dafür sogar dankbar sein (Hiob 5,17-18). Auf jeden Fall aber könnte Hiob Gottes Zuwendung wieder erlangen und sein eigenes Schicksal wenden, wenn er nur ernsthaft zu Gott umkehrte (Hiob 5,19-27). Und so geht es weiter in mehreren sich hinziehenden Redegängen ...

Es ist unübersehbar: Das Ergehen Hiobs stellt alle „geistlichen Prinzipien" seiner Freunde auf den Kopf und straft ihre Vorstellungen eines „funktionierenden Glaubens" Lügen.

Aber anstatt die eigenen Lebensweisheiten zu hinterfragen, versuchen sie Hiob und sich selbst zu überzeugen, dass es mit der Not ihres Freundes doch irgendwie seine Richtigkeit hat ...

Und ich habe mehr als eine Predigt über Hiob in evangelikalen Kreisen gehört, welche in den Chor seiner Freunde einstimmt und Hiob ein Vergehen anlasten will, welches sein Leiden rechtfertigt – von verborgenem Stolz über (falsche) Religiosität bis hin zu einer vermeintlichen Generationenschuld kann man hier alles finden.

Um es provokativ zu formulieren: Wir sind bereit, den Prototypen eines gläubigen Mannes schlechtzureden und damit das offensichtliche

Ein bisschen Theologie

DETERMINISMUS: WER IST EIGENTLICH VERANTWORTLICH?

„Es kommt, wie es kommen muss!" So reden Menschen manchmal, wenn sie sich (oder andere) in Situationen der Unsicherheit vergewissern wollen, dass ihr Leben nicht dem Zufall ausgeliefert ist. Sie bekennen sich damit zur Vorstellung einer schicksalshaften Macht, die die Geschicke lenkt – und gegen die es letztlich aussichtslos ist anzukämpfen. Wenn gottesgläubige Menschen diese Überzeugung vertreten, spricht man von einem *„theologischen Determinismus"*.

Auch viele Christen denken sich Gottes Verhältnis zur Geschichte auf diese Weise. Das hat für sie meist nichts Bedrohliches, sondern ist im Gegenteil ein großer Trost: *Wenn sie von Schicksalsschlägen heimgesucht werden und ihnen das Leben aus den Händen zu gleiten droht, halten sie sich daran fest, dass wenigstens aus Gottes Perspektive noch alles nach Plan verläuft bzw. seinem unausweichlichen Willen folgt.* „Schließlich muss jedes Ereignis der Geschichte bei Gott über den Schreibtisch", sagen sie dann zuweilen.

Zu Ende gedacht bedeutet das freilich auch, dass die Weltgeschichte letztlich allein von Gott selbst geschrieben wird. Das macht es Erstens äußerst *schwierig, Menschen noch für ihr Handeln verantwortlich zu machen.* Die gängige zwischenmenschliche Praxis, einander für bestimmte Taten zu loben, zu belohnen und zu bewundern – oder auch zu tadeln, zu bestrafen und zu verachten –, scheint nur wirklich sinnvoll zu sein, wenn die Betroffenen *aus freien Stücken agiert* haben. Konnten sie gar nicht anders handeln, als sie gehandelt haben, weil sie (ohne es zu wissen) doch nur Gottes festgefügten Plan zur Ausführung brachten, so tragen sie dafür auch keine Verantwortung. Nach gängigem Verständnis ist nur derjenige im Vollsinn für eine Tat verantwortlich, der sie bewusst und im Angesicht von Alternativen (er hätte auch anders handeln können) ausgeführt hat.

Dieses letztgenannte Kriterium trifft aber nun gerade auf Gott selbst zu. In einem deterministischen Verständnis der Weltgeschichte steht Gottes unnachgiebige Vorsehung und Vorherbestimmung hinter jedem Ereignis und jeder Tat dieses Universums. Nicht nur die natürlichen Übel dieser Welt (Naturkatastrophen, Seuchen usw.), sondern *auch das moralische Fehlverhalten des Menschen wäre dann letztlich Gott selbst anzulasten.* So schwierig es unter den Voraussetzungen eines theologischen Determinismus also ist, die Geschöpfe für ihr Handeln verantwortlich zu machen, so *schwierig ist es zugleich, Gott von dieser Verantwortung freizusprechen.*

Nicht nur philosophisch, sondern auch biblisch-theologisch spricht aber vieles dafür, erst gar nicht von einem deterministischen Verhältnis Gottes zur Welt auszugehen. Es ist weitaus naheliegender, dass ein Gott, der selbst Liebe ist (1. Johannes 1,8), diese Welt nicht vollumfänglich kontrolliert, sondern ihr echte Freiheiten zugesteht. *Was in dieser Welt passiert, geht dann nicht allein auf den Willen Gottes zurück, sondern auch auf das eigenwillige und eigenverantwortliche Verhalten seiner Geschöpfe.*

Motiv des ganzen Hiobbuchs ins Gegenteil zu verkehren, nur um an unserer Vorstellung einer gerechten Welt festzuhalten, in der alles seine Ordnung hat und „geistliche Prinzipien" tatsächlich funktionieren.

(Vgl. hierzu auch *„Ein bisschen Theologie – Determinismus: Wer ist eigentlich verantwortlich?"* auf den Seiten 122-123)

Und das ist noch nicht das Schlimmste, denn *Hiob wird unsere Spekulationen sicher besser verkraften als viele unserer Zeitgenossen, denen wir zu „Hiobsfreunden" werden.*

Auch hierfür kenne ich mehr Beispiele, als ich mir wünschte – Geschichten von (meist durchaus wohlmeinenden) Christen, welche die Unordnung der Welt und die Ungerechtigkeit des Lebens einfach nicht anerkennen wollen und darum eifrig bemüht sind, das Leid anderer zu erklären.

Nun möchte ich sicher nicht in Abrede stellen, dass Menschen sich durch eigene Fehlentscheidungen und Dummheiten tatsächlich viel Ärger und Unheil einhandeln können. Sprich mit jemandem, der sich durch gierige Finanzgeschäfte in Schulden gestürzt hat. Schau dir einen Workaholic an, der seine Gesundheit mit 100-Stunden-Wochen nachhaltig geschädigt hat. Höre auf einen Menschen, der durch sexuelle Eskapaden seine Ehe ruiniert und die Familie auseinandergerissen hat. Die Gestaltungsfreiheiten unseres Lebens bieten uns zugleich unzählige Gelegenheiten, den Karren eigenhändig in den Dreck zu fahren, das sei unbestritten.

Aber das heißt noch keineswegs, dass jedes Leid auf einen Fehler (oder einen Mangel an Glauben oder Charakter) der Betroffenen zurückzuführen ist. Das wird ja schon daran deutlich, dass durch die Fehltritte eines Einzelnen meist auch andere in Mitleidenschaft gezogen werden, die eigentlich keine Schuld trifft. Was hat denn die Frau des Workaholics falsch gemacht, die jahrelang unter einem abwesenden Ehemann gelitten hat, um jetzt mit einem zusammengebrochenen Pflegefall verheiratet zu sein? Welche geistlichen Prinzipien haben die Kinder des untreuen

Vaters verletzt, dass sie den Zerbruch der Familie miterleben müssen? Oder, etwas globaler gedacht: Womit haben Maisbauern in Südamerika ihre Misere verdient, nachdem europäische Spekulanten im Geldrausch die Lebensmittelpreise immer weiter in den Keller gedrückt haben? Und natürlich ist das noch längst nicht alles, was es zu den Ursachen von Leid und Unheil zu sagen gibt. Wir haben noch nicht von den Unwettern gesprochen, welche die Existenzgrundlage der Maisbauern auch ganz ohne gierige Spekulanten vernichten können. Oder von der schweren Depression, die auch einen Menschen mit einem anspruchslosen Arbeitspensum völlig aus dem Verkehr ziehen kann. Oder die Krebserkrankung, die einer Familie auch einen kompromisslos treuen Vater entreißen kann.

Ich will an dieser Stelle nicht Anlauf holen, um das Problem des Leides in dieser Welt zu erklären. Im Gegenteil. *Ich setze mich dafür ein, zuerst einmal auf die gängigen und allzu geradlinigen Erklärungen zu verzichten und uns einzugestehen, dass wir in einer wortwörtlich verrückten Welt leben.*

Es hat hier eben *nicht* alles seine Ordnung.

Es bekommt eben *nicht* jeder, was er verdient hat.

Es folgt eben *nicht* alles bestimmten „geistlichen Gesetzen" oder „biblischen Prinzipien".

Gerade die Bibel selbst ist viel nüchterner und realistischer als die „biblischen Prinzipien", die ihr oft entnommen werden.

Das lässt sich am Beispiel der Psalmen sehr schön zeigen. 150 Psalmen überliefert uns das Alte Testament. Gott gibt uns damit einen Schatz an Liedern und Gebeten in die Hand, mit denen wir vor ihn treten können. Und jetzt kommt's: Rund *die Hälfte* dieser Psalmen fällt in die Kategorie der Klagepsalmen oder enthält zumindest Elemente der Klage.

Die Hälfte!

Da beschweren sich die Beter lauthals vor Gott, eben weil ihr Leben mit Gott *nicht* hält, was es verspricht. David und andere Glaubensvorbilder schleudern Gott hier entgegen, was wir uns nur selten zu sagen trauen: Die Rechnung des Glaubens scheint in dieser Welt oft nicht aufzugehen! Wir bekommen nicht, was wir verdient haben, klagen die Autoren dieser Psalmen. Für unsere Frömmigkeit ernten wir Ablehnung und Unheil, während die Gottlosen selig schlafen und die Freuden des Lebens genießen! (Lies zur Einstimmung in diese Art von Gebeten beispielsweise Psalm 13, 22, 44 oder 73).

Gott, was ist eigentlich los? Da versagen doch alle Erklärungen!

Ja, genau.

Und in einer solchen Welt, in der oft alle Erklärungen versagen, schreibt Gott seine Geschichte mit uns.

Wenn der Himmel durchbricht

Damit sind wir allerdings wieder zurück auf Feld 1. Was dürfen wir denn jetzt von einem Leben mit Gott in dieser durcheinandergeratenen Welt erwarten? Was hat uns der christliche Glaube unter diesen Umständen zu bieten?

Man könnte an dieser Stelle auf die Idee kommen, seine Erwartungen einfach radikal zurückzuschrauben. *Wer nichts erwartet, kann schließlich auch nicht enttäuscht werden! Also den Ball immer schön flach halten, ein möglichst unaufgeregtes Christenleben pflegen – einen gewissermaßen homöopathischen Glauben in ungefährlichen Dosen – und dabei hoffen, dass einen das Schicksal nicht von der Seite erwischt ...*

Aber das ist natürlich weit entfernt von dem, was uns Jesus vorgelebt hat. Sein Vorbild ermutigt uns vielmehr, auch für unser Abenteuer mit Gott mit *beidem* zu rechnen:

Zuerst einmal mit dem Einbruch des Himmels in diese geschundene Erde.

Mit diesem steilen Anspruch ist Jesus angetreten. Er hat nichts weniger erwartet, als dass durch sein Leben eine neue Ära beginnt: „Die Zeit ist erfüllt und das Reich Gottes ist angebrochen!" (Markus 1,15) – das sind nicht die Worte eines Leisetreters mit einer temperierten Erwartung. Dieser Jesus hat den Ball nicht flach gehalten, sondern mit der Dreistigkeit seines Glaubens öffentliches Aufsehen erregt.

Gottes Reich bricht sich Bahn, seine guten Absichten für den Menschen werden sichtbar – der Schöpfer beginnt in einer aus den Fugen geratenen Welt Dinge wieder in Ordnung zu bringen!

Das hat Jesus proklamiert – und das hat sich in seinem Leben auch manifestiert: Sünder erfahren Vergebung und beginnen ein neues Leben in der Gemeinschaft mit Gott. Gesellschaftlich Ausgestoßene und Verachtete werden angenommen und finden ihren Platz unter den Anhängern von Jesus. Stadtbekannte Betrüger und Geizhälse begegnen dem Gottessohn und verteilen ihr Vermögen unter den Bedürftigen. Arme werden versorgt, Trauernde getröstet, Schwache gestärkt, Gebundene befreit, Sterbenskranke geheilt und Tote wieder auferweckt ...

In der Nähe von Jesus blüht mit anderen Worten ein Stück Himmel mitten in dieser alten Erde auf – und Jesus lässt keinen Zweifel daran, dass dieses Wunder in der Gemeinschaft seiner Nachfolger seine Fortsetzung finden soll. Schon mit dem berühmten „Vaterunser" pflanzt er seinen Jüngern die Erwartung ins Herz, die Verwirklichung des Reiches und des Willens Gottes zu erleben: „Dein Reich komme, dein Wille geschehe, wie im Himmel, so auf Erden", betet er ihnen vor (Matthäus 6,10). Und später hat Jesus die Nerven, seinen Jüngern sogar noch eine Steigerung in Aussicht zu stellen:

„Ich sage euch die Wahrheit: Wer an mich glaubt, wird die gleichen Taten vollbringen wie ich – ja, sogar noch größere." (Johannes 14,12)

Was ihr auf eurem Weg mit Gott erleben werdet, sichert Jesus seinen Jüngern hier zu, das wird alles in den Schatten stellen, was ihr bisher erlebt und in meinem eigenen Dienst beobachtet habt. „Das Reich Gottes ist angebrochen!" – diese Proklamation steht nicht nur über dem Leben von Jesus Christus, sondern auch über der Gemeinschaft seiner Nachfolgerinnen und Nachfolger bis zum heutigen Tag!

Lass mich darum mutig festhalten:

Du kannst nicht ernsthaft diesem Jesus nachfolgen, ohne damit zu rechnen, dass auch in deinem Leben und durch dein Leben ein Stück Himmel aufblüht!

Wenn du in die Fußstapfen von diesem Jesus trittst, der das Reich Gottes in diese zerbrochene Menschheit einbrechen lässt, dann solltest du dich nicht wundern, wenn dir dasselbe passiert. Ja, dann hast du allen Grund zu erwarten, dass Gott seine guten Absichten für diese durcheinandergeratene Welt auch *mit dir* wahr macht.

Oder noch treffender, nämlich im Blick auf die Kirche formuliert: Die Gemeinschaft der Nachfolgerinnen und Nachfolger von Jesus ist eine revolutionäre Bewegung, die das Gebet lebt, auf das Jesus uns eingeschworen hat: „Dein Reich komme, dein Wille geschehe, wie im Himmel so auf Erden!"

Die Kirche ist berufen herauszufinden, wie viel Himmel auf dieser alten Erde Platz hat!

Wir sind nicht dazu bestimmt, uns mit einem ungefährlichen Glauben zufriedenzugeben und eine erwartungslose „Normalität" zu pflegen – wir sind vielmehr bestimmt, unter dem Einsatz unseres Lebens dem Reich Gottes Platz zu machen und dem Willen Gottes Hände und Füße zu geben.

Und mir scheint, dass die Grenzen dafür noch lange nicht ausgelotet sind.

Was könnte noch alles geschehen, wenn wir (westlichen) Christen im 21. Jahrhundert unsere bürgerlich-harmlose Existenz an den Nagel hängen und uns mit neuer Entschlossenheit diesem Jesus an die Fersen heften, der mitten in dieser alten Schöpfung neues Leben hervorbringt?

Wie viel Reich Gottes wartet auf uns, wenn wir es wagen, im Namen

Die Kirche ist berufen herauszufinden, wie viel Himmel auf dieser alten Erde Platz hat!

dieses Jesus den Ausgestoßenen unserer Zeit zu begegnen – die Obdachlosen zu umarmen (und ihnen aus Teufelskreis der Armut und Erniedrigung herauszuhelfen ...), den Prostituierten ihre Würde zurückzugeben (und gegen den dahinterstehenden modernen Sklavenhandel vorzugehen ...), den Flüchtlingen ein Zuhause zu schenken (und die eigene Fremdenfeindlichkeit zu überwinden ...)?

Wie viel Himmel blüht auf, wenn wir den Mut finden, unseren Mitmenschen wieder von diesem Jesus zu erzählen, der uns die Liebe Gottes beweist – ja wenn wir es riskieren, die Zerbrochenen in unserer Nachbarschaft zu segnen, für die körperlich Kranken an unserem Arbeitsplatz um Gottes Eingreifen zu bitten und über den seelisch Gebundenen neue Freiheit auszurufen?

Wie viel vom Willen Gottes wird sichtbar, wenn wir unsere Beteiligung an den globalen Ungerechtigkeiten eingestehen und bereit werden, Teil der Lösung zu werden? Wenn wir uns für Gerechtigkeit einsetzen, selbst wenn es uns etwas kostet und wir dabei unseren vergötterten Lebensstandard gefährden? Wenn die Nachfolger von Jesus in unserer Zeit ein Verantwortungsbewusstsein und eine Großzügigkeit demonstrieren, die diese Welt zuerst beschämt und dann ansteckt?

Nein, wir haben die Grenzen dessen noch lange nicht erreicht, was Anhängerinnen und Anhänger von Jesus in dieser Welt bewegen können! Das Stück Himmel, das durch die Kirche auf dieser Erde aufblühen kann, hat noch großes Entfaltungspotenzial – und als Christen, die *Jesus Christus* ihren Namen verdanken, können wir uns nicht mit der Erinnerung an Gottes Wirken zu anderen Zeiten oder auf anderen Kontinenten begnügen: Wir sind von Jesus Christus selbst aufgerufen und ausgerüstet, den Himmel durch unser Leben in diese zerbrochene Welt einbrechen zu lassen!

Wenn die Kacke dampft

Das sind große Worte. Und ich will keines davon zurücknehmen. *Zugleich* dürfen wir im Leben von Jesus das andere nicht übersehen. Ja, Jesus hat den Einbruch des Himmels angekündigt und verwirklicht – aber er hat auch ein erschütterndes Maß an Zurückweisung, Ungerechtigkeit und Leiden erfahren. Der Messias, von dem die Evangelien berichten, ist keineswegs im „Cheat-Modus" durchs Leben gegangen – übernatürlich beschützt vor allen Gefahren, bewahrt vor allen Angriffen, verschont von allen Enttäuschungen und Misserfolgen. Er ist nicht von einem göttlichen „Shield" umgeben über diese Erde geschritten, unberührt von den Problemen Normalsterblicher.

Im Gegenteil. *Der Jesus der Bibel ist Teil einer zerbrochenen Menschheit in einer geschundenen Schöpfung geworden.*

Er kommt nicht in Bethlehem zur Welt, weil die Abendstimmung über dem schneebedeckten Stalldach so romantisch anmutet (vergiss diese Szenerie, sie passt besser ins Disneyland als ins Neue Testament), sondern weil seine Eltern von den gnadenlosen Steuergesetzen der Römer zur Reise dorthin gezwungen werden – Schwangerschaft hin oder her (vgl. Lukas 2,1-4). Er wird in ärmliche Verhältnisse hineingeboren und wächst in der prekären Situation der jüdischen Landbevölkerung seiner Zeit auf. Unter den Tieren, neben denen Jesus das Licht der Welt erblickt, befindet sich offensichtlich kein Goldesel. Auch später lesen wir nichts davon, dass Jesus sich ein hochgezüchtetes Renn-Kamel für seinen ausgedehnten Reisedienst hat leisten können – vielmehr beschreibt sich Jesus selbst als Heimatlosen, ohne Obdach und Unterschlupf (vgl. Matthäus 8,20).

Mit seinen jüdischen Volksangehörigen leidet der Zimmermann aus Nazareth unter der wirtschaftlichen Misere und den politischen Spannungen seiner Zeit – ja, er befindet sich praktisch vom ersten Tag an in Lebensgefahr. Herrscher über dem Gebiet Israels ist zunächst Herodes der Große. Er erhält vom römischen Cäsar offiziell den Titel „König der

Juden", und als er von dem neugeborenen König der Juden hört, da lässt er sich nicht bei „Toys'R'us" ein tolles Geschenk für den Heiland einpacken, sondern will ihn gleich als Säugling schon töten. Nur durch die Flucht der Familie ins Ausland entgeht Jesus knapp diesem frühen Schicksal.

Als seine Eltern sich nach einigen Jahren wieder in ihre Heimat zurückwagen, weil Herodes inzwischen gestorben ist (vgl. Matthäus 2,22-23), kann von einer Beruhigung der Lage keine Rede sein. Jesus gerät schnell sowohl politisch wie auch religiös zwischen alle Fronten. Gerade seine begeisterte Rede vom Anbruch des Reiches Gottes stößt auf massiven Widerstand – die Römer sehen in ihm einen Volksaufrührer, die jüdische Elite versteht ihn als Konkurrenten und Scharlatan.

Im Verlauf von nur drei Jahren spitzt sich die Stimmung gegen Jesus zu. Er verliert viele seiner Anhänger wieder. Sein Freund und Cousin Johannes (der Täufer) wird von römischen Soldaten gefangen genommen und hingerichtet, und auch gegen ihn selbst wird ein Komplott geschmiedet. Zu Unrecht wird Jesus beschuldigt und in einem himmelschreienden Prozess verurteilt. Alle seine Jünger verlassen ihn, als er sie am nötigsten hat, und er stirbt einen einsamen, erbärmlichen Tod.

Ja, wir folgen einem Wundertäter. Aber einem, dem diese Welt ganz sicher nicht gegeben hat, was er verdiente.

Wenn uns das Schicksal Hiobs schon aufgerüttelt hat, wie viel mehr wird uns dann das Leben von Jesus Christus aufbringen! Hier begegnet uns Gott selbst in Menschengestalt: die vollkommene, reine, kompromisslose Liebe in Person. Wenn einer alles richtig gemacht hat, dann er – doch was bekommt er dafür?

Und allen, die sich jetzt unter Hinweis auf das *stellvertretende* Leiden von Jesus aus der Affäre ziehen wollen – „Jesus hat all das auf sich genommen, damit wir es *nicht* mehr durchmachen müssen und stattdessen in Frieden, Sicherheit und Wohlstand leben können!" –, macht Jesus an mehreren Stellen unmissverständlich klar, dass sich auch seine Nachfolger besser auf vergleichbare Schicksale einstellen ...

„Ich schicke euch wie Schafe mitten unter die Wölfe" (Matthäus 10,16),

gibt er seinen Jüngern unumwunden auf den Weg.

Die folgende Aufzählung von Erfahrungen, mit denen die Anhänger der Jesus-Bewegung zu rechnen haben, liest sich ähnlich wie der Märtyrerkatalog aus dem Hebräerbrief: Verleumdung und Hohn, körperliche Pein und seelische Qualen, Hass und Verfolgung werden uns hier in Aussicht gestellt.

Parallel zu den Manifestationen des Reiches Gottes erwartet Jesus auch im Blick auf die Widrigkeiten des Lebens sogar eine Steigerung für seine Nachfolger. Ausdrücklich im obigen Zusammenhang sagt er:

„Ein Schüler steht nicht über seinem Lehrer, und ein Diener hat es nicht besser als sein Herr. Sie können zufrieden sein, wenn es ihnen genauso geht wie ihren Lehrern und Herren. Wenn sie aber den Herrn des Hauses schon Obersten Teufel genannt haben, was werden sie erst zu seinen Angehörigen sagen?" (Matthäus 10,24-25)

Wenn diese Welt schon den Meister so schlecht behandelt – wie viel schlechter wird es seinen Schülern dann ergehen? Das ist die ernüchternde Logik hinter diesen Worten von Jesus (vgl. dazu auch Johannes 15,18-20). Und dass Jesus zumindest seinen ersten Jüngern damit keine leeren Versprechungen gemacht hat, haben wir bereits gesehen.

Um es also wieder etwas mutig auf den Punkt zu bringen:

Du kannst nicht ernsthaft diesem Jesus nachfolgen, ohne damit zu rechnen, dass auch dir zuweilen ein rauer Wind entgegenwehen wird.

Wie willst du einem verachteten, geschundenen, obdachlosen Flücht-
ling nachfolgen und dabei erwarten, dass ausgerechnet ein Leben in
diesen Fußstapfen dich wohlhabend, erfolgreich und beliebt macht?

Warum sollten wir als *Christen* einen übernatürlichen „Shield" in Anspruch nehmen können, der alles Unheil dieser Welt von uns fernhält,
wenn der *Christus,* nach dem wir uns doch benennen, gerade mitten ins
Unheil dieser Welt eingetreten ist und darin schonungslos aufgerieben
wurde? Woher sollte die Zuversicht kommen, dass uns zerstörerische
Kräfte nicht treffen können, wenn wir uns doch jemanden zum Vorbild
nehmen, der eben nicht nur die Macht der Liebe Gottes unübertrefflich
demonstriert hat, sondern an dem sich auch die Mächte dieser Welt im
übelsten Sinne ausgetobt haben? Wie wollen wir im Namen des Glaubens auf körperliche und seelische Unversehrtheit bestehen, wenn Jesus Christus, auf den sich unser Glaube richtet, physisch und psychisch
über alle Grenzen hinaus gequält wurde und schließlich seinen Verletzungen erlag? Und wieso eigentlich sollte uns das Leben alle Türen öff-
nen (und immer zur rechten Zeit eine Parklücke vor dem Einkaufszent-
rum bereitstellen ...), wenn so viele Menschen unserem Meister die
Türen vor der Nase zugeschlagen haben?

Ja, wir beten für Gottes Eingreifen und erwarten Geschichten der Bewahrung, Heilung und Befreiung – aber wir wissen auch: Wer sich diesem Jesus an die Fersen heftet, bleibt von den Übeln dieser durcheinandergeratenen Welt nicht prinzipiell verschont.

Sich bei Gott beschweren

Und um hier einen Einwand gleich vorwegzunehmen: Es gibt keinen
Grund zur Annahme, dass dies nur im Zusammenhang der Christenver-
folgung gilt.

Es stimmt zwar sicher, dass die Horror-Liste im Hebräerbrief und auch die erwähnten Leidensankündigungen von Jesus auf jenes Leid zugespitzt sind, das uns um unseres Glaubens Willen trifft: Ablehnung durch Familienmitglieder und Freunde, die unseren Glauben nicht teilen, Verleumdung und Verfolgung durch „Feinde des Evangeliums", Schmerzen und Tod durch die Hände derer, die sich eigentlich gegen Jesus selbst auflehnen.

Aber das Leid, auf das sich Nachfolger von Jesus einzustellen haben, bleibt kaum darauf beschränkt. Die Auflehnung gegen Jesus und seine Nachfolger ist ja nur die Kulmination einer kranken Realität, in der sich das Zerstörerische oft durchsetzt und die darum insgesamt ein feindseliges Eigenleben entwickelt. Dass die Welt bereit war, die Verkörperung der Liebe schlechthin ans Kreuz zu nageln, spricht mit anderen Worten für die grundsätzlich korrumpierte Qualität der Schöpfung.

Im famosen Kapitel 8 des Römerbriefes spricht Paulus davon, dass unsere Schöpfung der „Nichtigkeit" oder „der Vergänglichkeit unterworfen" ist. In seiner bildhaften Beschreibung „seufzt" unsere Welt und „liegt in Geburtswehen" – die neue Schöpfung Gottes ist eben erst ansatzweise durchgebrochen (vgl. Römer 8,18-24). In dieser alten, aus den Fugen geratenen Wirklichkeit haben wir darum mit Leiden, Ungerechtigkeiten und Schmerzen zu rechnen, ob sie nun durch erbitterte Gegner des Glaubens verursacht sind oder auf andere Gründe zurückgehen. Auch Ungerechtigkeiten sonstiger Art sowie tobende Naturkräfte, Unfälle und Krankheiten bleiben Nachfolgern von Jesus ganz offensichtlich nicht einfach erspart.

So müssen wir also wirklich *beides* festhalten:

Als Teilhaber einer neuen Schöpfung erwarten wir von Gott nicht weniger als den Einbruch des Himmels mitten in unsere Welt – und noch einmal: Die Grenzen des Möglichen sind hier noch lange nicht abgesteckt! Doch zugleich nehmen wir als Teilhaber dieser alten Schöpfung in Kauf, von deren Vergänglichkeit und zerstörerischen Tendenzen auch immer wieder eingeholt zu werden.

Als Bürger des Reiches Gottes rechnen wir mit der Durchsetzung des Willens Gottes – und das heißt natürlich: mit dem Sieg seiner Liebe – in unserem Leben und durch unser Leben. Doch zugleich rechnen wir als Bewohner einer Welt, die dem Willen Gottes zuwiderläuft und seine guten Absichten immer wieder kompromittiert, auch mit Niederlagen.

Als Nachfolger von Jesus, die nach seiner eigenen Aussage *nicht von dieser Welt* sind, lassen wir uns auch nicht auf die Möglichkeiten und Normalitäten dieser Welt begrenzen. Und zugleich sind wir von demselben Jesus *mitten in diese Welt* hineingeworfen worden, und sind darum vor keinem Leiden dieser durcheinandergeratenen Wirklichkeit grundsätzlich gefeit (vgl. dazu das Gebet Jesu in Johannes 17).

Oder, um das Ganze in einem geflügelten Wort zu verdichten:

> *„Nichts ist so wunderbar, dass du es auf deinem Abenteuer mit Gott nicht erleben könntest – und nichts ist so beschissen, dass es dir unterwegs nicht passieren könnte."*

(Auch dieser Spruch wird als Anwärter auf ein erbauliches Poster mit Sonnenuntergang einen schweren Stand haben ...)

Das ist freilich nicht einfach eine Kapitulation vor dieser Welt.

Es ist vielmehr die Feststellung einer echten Spannung – oder besser noch: eine Kampfansage.

Eben hier helfen uns die Klagepsalmen weiter. Sie nehmen die Ungerechtigkeiten des Lebens eben nicht einfach so hin: „Shit happens", das passiert halt in einer gefallenen Welt ... Nein: Sie halten Gott diese Ungerechtigkeiten vor Augen und setzen sich in seinem Namen für Gerechtigkeit ein.

Die Psalmbeter finden sich nicht einfach ab mit Leid und Schmerzen, mit Unheil und Zerstörung. Sie lehnen sich stattdessen unter Berufung auf die Güte Gottes dagegen auf und bewahren sich den Glauben an eine bessere Welt. (Dass sie dabei verbal häufig über die Stränge hauen und nicht selten auch von Vergeltungswünschen eingenommen werden, steht auf einem anderen Blatt ...)

Wer Gott sein Leid klagt, der hat die Hoffnung eben gerade noch nicht aufgegeben.

Wer Gott die Ungerechtigkeiten des Lebens vorhält, der drückt seine Überzeugung aus, dass es so eben gerade *nicht* sein sollte und auch *nicht bleiben* muss – der ringt noch immer um Gottes Eingreifen, neutestamentlich gesprochen: um den Durchbruch des Reiches Gottes in dieser Lage.

Das sehen wir übrigens auch im Leben von Hiob.

Im Gegensatz zu seinen Freunden, die versuchen, das unsägliche Leid Hiobs zu erklären und letztlich Gott selbst zum Übeltäter erklären, beginnt Hiob, Gott sein Leid zu klagen. Eingestreut in die theologischen Vorträge seiner Freunde finden sich in diesem Buch darum verschiedene Aufschreie von Hiob selbst:

Hier nimmt der geschundene Gottesmann kein Blatt vor den Mund. Er wirft Gott seinen ganzen Frust entgegen und versteigt sich dabei zu theologisch haarsträubenden Aussagen (vgl. zum Beispiel Hiob 9,23-24 oder 16,11-17). Später wird Hiob diese verbalen Ausfälle reumütig zurücknehmen (Hiob 42,3-6) – und trotzdem sagt der schottische Theologe John Gibson sicher zu Recht, dass Gott die Angriffe Hiobs bei Weitem lieber waren als seine Rechtfertigung durch Hiobs Freunde.

Denn in den Angriffen Hiobs drückt sich die bleibende Empörung über sein Schicksal und die Ungerechtigkeit des Lebens aus. *Wo die Freunde Hiobs letztlich schon resigniert haben und sich hinter theologischen Fast-Food-Erklärungen verstecken, bleibt Hiob noch ein Rest an Kampfeswille – und damit steigt er mit Gott in den Ring.*

Ja, solche Hiobsgeschichten passieren und können auch uns treffen – aber das ist nicht gut so.

Das nehmen wir nicht einfach hin.

Wir stehen mitten in dieser Welt als Vertreter einer neuen Schöpfung. Wir halten die Erwartung hoch, dass sich *in* unserem Leben und *durch* unser Leben das Reich Gottes Bahn bricht, dass unsere Gebete und Taten in dieser Welt etwas verändern können. Wenn wir Zeugen herzzerreißender Schicksale und himmelschreienden Unrechts werden, dann verweisen wir nicht achselzuckend auf den guten Willen Gottes, der doch hinter allem stehen soll, und wir beruhigen uns auch nicht mit dem viel verdrehten Wort Jesajas, dass Gottes Wege halt nicht unsere Wege und seine Gedanken nicht unsere Gedanken sind (Jesaja 55,8-9).

Nein, beim Anblick der Zerbrochenheit unserer Welt erhebt sich vielmehr der Geist Gottes in uns, um den Mächten der Zerstörung entgegenzutreten – um dazu beizutragen, dass Ungerechtigkeit der Gerechtigkeit Platz macht, Schmerz von Freude überwunden wird, Verzweiflung der Hoffnung weichen muss.

Darauf kannst du zählen

Inzwischen reißt aber einigen sicher langsam der Geduldsfaden.

All das beantwortet ja noch immer nicht die Frage, welche Garantien uns das Leben mit Gott gibt – eher im Gegenteil:

Nach den bisherigen Beobachtungen wird man sagen müssen, dass wir zwar Grund für große Erwartungen, aber zugleich keinerlei Sicherheiten haben. Was der Glaube auf dieser Seite der Ewigkeit für uns abwirft, ist eben noch nicht ausgemacht.

Unsere Ausgangstexte im Hebräerbrief (der „Siegerkatalog" und die „Märtyrerliste") spannen das Spektrum der Möglichkeiten auf – und wir erinnern uns:

„Sie alle haben Gott vertraut, deshalb hat er sie als Vorbilder für uns hingestellt." (Hebräer 11,39)

Was bleibt also außer Ungewissheit?

Nun, lass mich eine Gegenfrage stellen: Was verspricht ein Bräutigam seiner Braut an ihrem Hochzeitstag? Welche Sicherheiten geben sich zwei Verliebte, wenn sie sich definitiv und öffentlich auf eine gemeinsame Geschichte als Ehepartner einlassen?

Ich kann mich lebhaft an diesen Tag in meinem Leben erinnern. Es ist schon viele Jahre her, aber noch immer ist mir diese wunderschöne Braut vor Augen, wie sie mich anstrahlt, als ich ihr mit zittriger Stimme zusage:

„Ich will dich, Rahel, zu meiner Frau nehmen. Ich verspreche dir ein unbeschwertes, behütetes, sorgenfreies Leben. Ich werde uns regelmäßige Ferien auf den Malediven ermöglichen und ein Eigenheim mit Swimmingpool bauen. Ich sichere dir zu, dass du immer mindestens einen 5er-BMW fahren und dir jedes Jahr eine neue Prada-Tasche kaufen kannst. Rahel, willst du meine Ehefrau werden?"

Das ist selbstverständlich völliger Blödsinn.

Es mag wohl Eheschließungen geben, bei denen (unausgesprochen) solche Zusagen gemacht oder solche Erwartungen gehegt werden – aber das ist kaum im Sinne des Erfinders.

In einer gesunden Ehe verspricht man sich nicht etwas – man verspricht sich selbst.

Und da ist es natürlich, was ich an unserer Hochzeit getan habe. Ich habe meiner Geliebten in die Augen geschaut und ihr zugesagt, dass sie mit *mir* rechnen kann, bis der Tod uns scheidet. Und um alle Zweifel auszuräumen, führt man die Konsequenzen dieser Zusage gewöhnlich noch weiter aus: „Ich stehe dir zur Seite in guten und in schlechten Zeiten, in Armut und in Reichtum, in Krankheit und in Gesundheit."

Zutiefst geht es beim Bund der Ehe also nicht um *etwas,* das der andere mir bietet, sondern um den *anderen selbst* – um seine Person, seine Gegenwart und seine Zuwendung.

Vorbild dafür ist nach biblischer Überlieferung nichts anderes als Gottes Verhältnis zu seinem Volk und seiner Gemeinde (vgl. zum Beispiel Epheser 5,22-33). Gott ist bereit, mit uns Menschen einen Bund einzugehen, dessen Verbindlichkeit und Kompromisslosigkeit sich im Bund der Ehe widerspiegelt – eben darum hat sich auch das Bild der Liebesgeschichte Gottes mit uns durch dieses kleine Buch hindurchgezogen.

Was also versichert uns Gott auf seinem Weg mit uns durch das garstige Gelände dieser Welt?

Wir haben uns schon einmal erinnert an die letzte Begegnung zwischen Jesus und seinen Jüngern. Der auferstandene Herr steht hier vor ihnen, kurz bevor er selbst in die Gemeinschaft des Vaters zurückkehrt. Er schickt seine Nachfolger mitten in eine gefallene, oft feindselige Welt hinaus – „wie Schafe mitten unter die Wölfe" –, aber er macht ihnen sehr wohl ein unmissverständliches Versprechen:

„Ihr dürft sicher sein: Ich bin immer bei euch, bis das Ende dieser Welt gekommen ist!" (Matthäus 28,18-20)

Um es kurz zu machen: *Das* ist die Garantie unseres Glaubens.

Das ist es, was den Nachfolgern von Jesus kompromisslos zugesagt ist – und *das* ist es darum auch, was die Kirche „zu bieten" hat.

Nicht etwas, was der Glaube für uns abwirft.

Nicht ein bestimmtes Maß an Bewahrung vor den Übeln dieser Welt.

Nicht die Aussicht auf geschäftlichen Erfolg, privates Glück und gesundheitliche Blüte. All das mag uns in diesem Leben gegönnt sein – aber um ein Versprechen des Glaubens handelt es sich dabei kaum.

Wenn wir interessierten Freunden oder Besuchern der Kirche etwas in Aussicht stellen wollen, dann sollten wir uns besser nicht einschießen auf genau dieselben Versprechen, die schon eine materialistische und individualistische (westliche) Welt ihren Anhängern macht – nämlich Wohlstand, Sicherheit und Gesundheit.

(Man schaue als Experiment einmal einen gewöhnlichen Werbeblock im Fernsehen und frage nach den dahinterstehenden „Heilsversprechen" an die Zuschauer, dann gehen einem die Augen auf: Was manche beliebten Redner und Kirchen ihren Gläubigen im Namen des christlichen Glaubens zusagen, ist nicht nur verwandt mit den Verheißungen der sogenannten „ersten Welt" an ihre Teilhaber – es ist buchstäblich damit identisch.) Nein, was uns hoch und heilig versprochen ist und was Christen und Kirchen dieser zerbrochenen Menschheit „anzubieten" haben, ist letztlich nicht etwas, was wir in diesem Leben vom Glauben haben – sondern jemand.

Im Zentrum unseres Glaubens steht die Begegnung mit einer Person.

Und diese Person hat einen Namen:
Jesus Christus.

Er ist es, der sich selbst dieser Welt versprochen hat – kompromissloser und aufopferungsbereiter als irgendein Bräutigam sich seiner Braut verspricht. Diesem Jesus ist die Kirche begegnet, von diesem Jesus ist sie ergriffen und diesen Jesus bezeugt sie auf der ganzen Welt.

Als Menschen, die ihm nachfolgen, sind wir in ein unabsehbares Abenteuer eingetreten, das uns für *dieses* Leben keine Garantien bietet: Wir wissen nicht, was der Glaube an Jesus alles für uns *abwirft* – aber wir wissen, was der Glaube an Jesus *beinhaltet*: Nämlich, dass jener Gott, der uns seine Liebe in Jesus Christus bewiesen hat, nie von unserer Seite weichen wird!

Du wirst Gottes Liebe nicht los

Diese Überzeugung war für Paulus gut genug, um das zentrale Kapitel des Römerbriefes darauf zuzuspitzen – und sie ist sicher gut genug, um dieses Buch damit abzuschließen.

Ähnlich wie dieses Kapitel kommt auch Paulus von einem nüchternen Blick auf die Realität dieser Welt her. Wir haben schon gesehen, dass er von einer Schöpfung spricht, die „der Vergänglichkeit unterworfen" ist – und die uns darum auch Leiden, Kämpfe und Schwachheiten beschert (Römer 8,18-27). Aber von da aus kommt er jetzt auf jenen Gott zu sprechen, der mitten in dieser zerbrochenen Welt dem Menschen die Treue hält und seine Geschichte mit ihm weiterschreibt – dieser Gott, der sich in Jesus Christus wortwörtlich auf unsere Seite schlägt: der Mensch wird wie wir und sich für uns selbst hingibt.

Und da kann sich der Apostel kaum mehr halten. Er überschlägt sich förmlich vor Begeisterung und führt seine Leser in ein fulminantes Crescendo hinein – in ein Lob der Liebe Gottes, wie es sich in der Bibel kein zweites Mal findet (Römer 8,31-39):

„Was also könnte uns von Christus und seiner Liebe trennen?",

fragt er zuerst – und zählt dann einige Möglichkeiten auf:

„Leiden und Angst vielleicht? Verfolgung? Hunger? Armut? Gefahr oder gewaltsamer Tod?"

Wir wissen inzwischen, dass Paulus diese Liste nicht einfach aus dramaturgischen Gründen anführt. Was er hier beschreibt, sind – genau wie in der Märtyrerliste des Hebräerbriefes – keine bloß rhetorischen „Spannungsverstärker", sondern reale Schicksale von Menschen auf ihrem Weg mit Gott.

Eine andere Bibelübersetzung fügt an diese düstere Aufzählung von Paulus sogar an: „Mit all dem müssen wir rechnen!"[11] Das steht zwar so nicht da, ist aber von Paulus zweifellos mitgedacht.

Das wird auch am folgenden Zitat aus dem Alten Testament deutlich:

„Man geht wirklich mit uns um, wie es schon in der Heiligen Schrift beschrieben wird: ,Weil wir zu dir, Herr, gehören, werden wir überall verfolgt und getötet – wie Schafe werden wir geschlachtet!'"

Paulus greift hier (auch das sollte uns nicht mehr überraschen) ausgerechnet einen Vers aus dem Repertoire der Klagepsalmen auf (Psalm 44,23), um zu bekräftigen, dass die von ihm vorher aufgeführten Bedrohungen nicht nur hypothetisch sind. (Zugleich klingt hier sicher auch die weiter oben schon ausgeführte Bemerkung von Jesus an, er sende seine Nachfolger „wie Schafe unter die Wölfe" ...) Das ist übrigens der Teil dieses Textes, der beim Vorlesen oft unterschlagen wird, dabei leuchtet gerade auf diesem realistischen Hintergrund die grandiose Zusage umso heller, in der Paulus jetzt alles gipfeln lässt:

„Aber dennoch: Mitten im Leid triumphieren wir über alles durch die Verbindung mit Christus, der uns so geliebt hat. Denn ich bin ganz sicher: Weder Tod noch Leben, weder Engel noch Dämonen, weder Gegenwärtiges noch Zukünftiges, noch irgendwelche Gewalten, weder Hohes noch Tiefes oder sonst irgendetwas können uns von der Liebe Gottes trennen, die er uns in Jesus Christus, unserem Herrn, schenkt."

Wow. Da setzt man sich am besten zuerst einmal hin.

Das ist eine Garantie ohne Wenn und Aber, ohne Ausnahmeklausel und Kleingedrucktes! Hier kommt zum Ausdruck, was den christlichen Glauben zutiefst ausmacht und unserem Abenteuer mit Gott zugrunde liegt: *Ein Gott, der unsere Nähe sucht und mit seiner Liebe einen Unterschied macht. Er kennt und teilt unsere menschlichen Nöte und Krisen, er ist selbst durch die Hölle gegangen und fühlt mit allem mit, was uns das Leben vor die Füße wirft.* Der Gott, der sich selbst ans Kreuz hat schlagen lassen, ist uns auch und gerade im tiefsten Schmerz unserer Seele nahe.

Aber mehr als das: Er verbürgt sich dafür, dass dieser Schmerz nicht das letzte Wort haben wird! Paulus lobt die Liebe Gottes im Licht der Auferstehung von Jesus – und also im Blick auf den Durchbruch und die transformative Kraft des neuen Lebens. Gott steckt nicht einfach mit uns im selben Loch. Indem er Jesus von den Toten auferweckt, macht er endgültig klar, dass keine Verzweiflung so tief, keine Schande so schwer und keine Einsamkeit so abgründig ist, dass sie nicht von der Gegenwart Gottes überwunden werden könnte.

„Maybe"? Sicher!

Das ist ein guter Moment, unseren gedanklichen Bogen zu schließen – und uns an den Ausgangspunkt zurückzuerinnern:

Don't be a maybe!

Das Leben in unserer (westlichen) Welt bietet uns einen Überfluss an Wahlmöglichkeiten und Gestaltungsoptionen. Das ist ein Segen – aber immer wieder auch eine heillose Überforderung.

Wo soll es langgehen in meinem Leben, welche Türen soll ich aufstoßen und welche Gelegenheiten ergreifen? Was mach ich mit dem leisen Verdacht (oder der festen Gewissheit), schon manche Weichen im Leben falsch gestellt und viele Chancen verpasst zu haben? Und dann natürlich auch: Wie gehe ich mit dem Verlust von Möglichkeiten um, mit den Schicksalsschlägen des Lebens, die mir in einem einzigen Moment sämtliche offenen Türen gewaltsam zuschlagen können?

Der Glaube an Gott erweist sich in diesen Fragen zuerst einmal gar nicht als große Hilfe. Er ist als untrüglicher Kompass in den alltäglichen Entscheidungen und den ausschlaggebenden Weichenstellungen des Lebens nicht wirklich geeignet – und selbst wenn wir uns einmal untrüglich von Gott in eine bestimmte Richtung geführt wissen, steht unser Leben deshalb noch nicht unter einer himmlischen Erfolgsgarantie. (Die Vertreter der „Loserliste" lassen grüßen ...).

Unser Gang durch die biblischen Erzählungen hat aber gezeigt, dass sich die Kraft des Glaubens auf einer anderen Ebene erweist. Sie besteht gar nicht darin, uns die einzig richtige Route im Labyrinth des Lebens zu offenbaren, um möglichst sicher und unbeschadet ans Ziel zu gelangen. Vielmehr zeigt sich die Kraft des Glaubens darin, uns zum Teil eines verwegenen und durchaus gefährlichen Abenteuers zu machen.

Gott verwickelt uns in eine grandiose Geschichte, in der es nicht darum geht, immer die richtige Weggabelung zu treffen, sondern darum, mit der richtigen Person unterwegs zu sein.

Damit ist zuerst einmal natürlich Gott selbst gemeint. In einem weiter gefassten Sinn ist aber auch von denjenigen die Rede, die uns in diesem Abenteuer begleiten.

Die „Kirche" oder die „Gemeinde" ist kein Club der Erleuchteten, die raushaben, wie das Leben funktioniert und die den göttlichen Fahrplan verinnerlicht haben. Es ist die Weggemeinschaft derer, die durch die Unübersichtlichkeiten und Unwägbarkeiten unserer Welt stolpern und einander ermutigen, nicht vorzeitig aufzugeben.

Auf meinem eigenen Weg des Glaubens und Zweifelns habe ich immer wieder erlebt, wie unschätzbar wertvoll solche Menschen sind. Ich kann mit völliger Gewissheit sagen: Ohne eine Handvoll Freunde, die in Krisen und Zerbrüchen mit mir geweint haben, die nicht versucht haben, das Leid zu erklären, sondern zu teilen, mit denen ich Erfolge feiern, Frustrationen teilen und Gebete stammeln, Kaffee schlürfen, Steak essen und Wein trinken, Fahrrad fahren, Segeln lernen und stupide Filme kucken konnte – kurz:

Ohne Menschen, die mitten im Wahnsinn dieses Lebens ein Stück der Liebe und Aufmerksamkeit Gottes für mich verkörperten, hätte ich manche Zeiten kaum überstanden.

Sie haben mich auf verschiedene Weise aus meiner kleinen Welt herausgeholt und mir den Horizont für diese größere Geschichte geöffnet, die Gott mit uns Menschen schreiben will.

Und ja: Es ist eine Geschichte, die mit keinen Erfolgsgarantien einhergeht und uns auf dieser Seite der Ewigkeit kein Versprechen von Glück, Sicherheit und Wohlstand macht. Gott hat sich mit der Schöpfung offensichtlich auf ein Projekt eingelassen, das auch er nicht einfach einseitig steuern und kontrollieren kann. Es ist ein Projekt der Liebe, nicht der göttlichen Fremdbestimmung. Die Geschöpfe erhalten als Ebenbilder des lebendigen Gottes einen Raum der Freiheit und Selbstverwirklichung, und der ganzen Welt kommt eine Eigendynamik zu, die auch himmelschreiende Ungerechtigkeiten und Bosheiten hervorbringen kann.

Gott ist aber kein externer Gutachter dieser Geschichte, sondern zutiefst involvierter Teilhaber. Er tritt schon in den Überlieferungen Israels, zugespitzt aber in Jesus Christus als derjenige auf den Plan, der sich mitten in unsere Lebenswelt hineingibt. Er lässt sich herab auf den

Staub der Erde, aus dem er den Menschen einst gebildet hatte, taucht ein in die ungerechten Systeme unserer Gesellschaft, wird zum Spielball politischer Machtkämpfe – und beweist am Ende doch, dass seine Liebe das letzte Wort hat.

Das steht über deinem Leben wie über dem Leben derer, die mit dir unterwegs sind. Der Hebräerbrief würde sagen: Die mit dir im Wettlauf des Glaubens angetreten sind.

Und das ist nicht „maybe".

Das ist sicher.

Just do it! – Fragen zum Weiterdenken

Zum dritten Mal drücken wir hier auf die Pausetaste, um uns einige konkrete Fragen zu stellen. Für dich alleine oder zusammen mit Freunden kannst du dir Gedanken machen, was es bedeutet, die Herausforderungen dieses Kapitels im eigenen Leben ernst zu nehmen:

- Wofür müsste ich mich bei Gott eigentlich einmal ordentlich beklagen? Wo könnte ich mich in einen biblischen Klagepsalm einklinken und Erfahrungen meines Lebens vor Gott zur Sprache bringen, die ohnehin zum Himmel schreien?

- Welche Segnungen und Sicherheiten habe ich bisher bewusst oder unbewusst mit dem Glauben verbunden, von denen ich mich verabschieden sollte? Welche Versprechungen des Christentums erweisen sich als ungerechtfertigt?

- Wo habe ich die Erwartung verloren, dass durch mein Leben ein Stück Himmel in diese Welt einbricht – und was würde es bedeuten, damit ganz neu zu rechnen? Was könnte ich wagen, um mich an diesem Punkt selbst herauszufordern?

- Wenn der Glaube sich nicht um *etwas*, sondern um *jemanden* dreht: Was heißt es dann, wirklich diese Person ins Zentrum zu stellen? Und was bedeutet das für die Art und Weise, in der ich meinen Glauben kommuniziere?

- Nimm dir einen Moment Zeit oder trage eine Viertelstunde in deinem Kalender ein, um zur Ruhe zu kommen. Sprich in dieser Zeit einmal ganz bewusst aus, was Jesus selbst für dich bedeutet – ganz unabhängig davon, was der Glaube für dein Leben sonst noch bringt ...

Schluss: Der Gedankenstrich

Zwei Zahlen

Letztlich wissen wir, dass unser Leben irgendwann zusammengefasst wird auf einem Grabstein oder einer Urne in zwei schlichten Zahlen, verbunden durch einen unspektakulären Gedankenstrich. Das wird es dann vorerst gewesen sein mit unserer Existenz auf diesem Planeten.

Manuel Schmid: 1976 – 20XX.
Zwei Zahlen.
Ein Strich.

Wofür soll dieser Strich stehen – welche Gedanken soll er bei den Hinterbliebenen hervorrufen?

Nur die wenigsten Menschen können das Bedürfnis dauerhaft abschütteln, ein Leben zu führen, das auch für andere zählt und über den Tod hinaus eine Bedeutung behält. Wir wollen unserer Nachwelt normalerweise mehr hinterlassen als unsere lustigen Gartenzwerge oder eine stattliche Modelleisenbahn.

Auch in einer individualistischen Gesellschaft, in der uns von klein auf eingeredet wird, dass wir vor allem *uns selbst* verwirklichen und dabei möglichst glücklich werden sollen, verschafft sich die Sehnsucht immer wieder Ausdruck, dass doch unser persönliches Leben nicht nur ein Furz am Rande des Universums sein soll, sondern vielmehr zu etwas Größerem beitragen kann.

Irgendetwas in uns sträubt sich gegen die Überzeugung des berühmten atheistischen Philosophen und Mathematikers Bertrand Russell, der den Menschen ziemlich konsequent als vergängliches und letztlich unbedeutendes „Produkt zufälliger Konfigurationen von Atomen" bezeichnete.

„Kein Feuer, kein Heldentum, kein noch so intensives Denken und Fühlen", schreibt Russell weiter, „kann das Leben eines Einzelnen über das Grab hinaus bewahren. Alle Arbeit über die Zeitalter hin, alle Hingabe, alle Inspiration, alle mittägliche Leuchtkraft menschlichen Genies ist dazu bestimmt, im gewaltigen Sterben des Sonnensystems unterzugehen. Der gesamte Tempel menschlicher Errungenschaften wird unvermeidlich unter dem Schutt eines in Ruinen zerfallenden Universums begraben sein."[12]

Warum eigentlich löst ein solches Zitat nur bei den wenigsten Menschen Begeisterung aus? Wieso können wir mit einer solchen Einschätzung unserer Existenz schlecht leben?

Der Medienwissenschaftler Neil Postman stellt in einem seiner Bücher ganz nüchtern fest:

„Uns ist eine Art von Bewusstsein aufgebürdet, das darauf besteht, dass unsere Existenz einen Sinn hat."[13]

Kein gesunder Mensch scheint ein ausdrücklich *sinnloses* Leben führen zu wollen.

Aber wie gewinnt unser Leben einen Sinn, den wir uns nicht einfach selber zurechtgelegt haben und der folglich nicht wieder in sich zusammenfällt, sobald sich einmal der Deckel unseres Sarges schließt?

Das Leben im Rückspiegel

Es gibt einen bekannten Psalm in der Bibel, der sich mit dem menschlichen Leben und seiner Bedeutung befasst – Psalm 90, ein „Gebet des Mose, des Mannes Gottes", wie es in der Einleitung heißt (Psalm 90,1). Hier finden wir die knappe Bitte an den Schöpfer:

„Mach uns bewusst, wie kurz das Leben ist, damit wir unsere Tage weise nutzen." (Psalm 90,12)

Das ist gewissermaßen die biblische Variante des neuzeitlichen Slogans YOLO: „You Only Live Once", du lebst nur ein einziges Mal!

Nun kann man diese Einsicht natürlich auch zum Anlass nehmen, ins Büro seines Chefs zu pinkeln, das Auto der Ex-Freundin anzuzünden oder mit einem Gummiboot die Niagarafälle zu bezwingen: „Du lebst nur einmal und bald ist eh Schluss – da schaust du besser, dass du noch was Aufregendes erlebst ..."

Aber so ist Psalm 90 kaum gemeint. Das wäre auch nicht wahnsinnig klug. Es würde deinem Leben vielleicht etwas kurzfristige Befriedigung, aber sicher keinen nachhaltigen Sinn verleihen.

Zwar erinnert uns auch der besagte Psalm tatsächlich an die Vergänglichkeit des Lebens – da sollten wir uns keine Illusionen machen:

„Unser Leben dauert siebzig, vielleicht sogar achtzig Jahre. Doch alles, worauf wir stolz sind, ist nur Mühe, viel Lärm um nichts! Wie schnell eilen die Jahre vorüber! Wie rasch schwinden wir dahin!"
(Psalm 90,10)

Siebzig oder achtzig Jahre: Wir könnten da triumphierend entgegenhalten, dass wir auf dem heutigen Lebensstandard und mit den gegenwärtigen medizinischen Mitteln zumindest in der westlichen Welt auch auf 90 oder sogar 100 Jahre Lebenszeit hoffen können.

Aber das ändert an der Diagnose natürlich überhaupt nichts.

Auch die Verlängerung unseres Lebens um 500 Jahre könnten es nicht vor der Bedeutungslosigkeit retten, die es jetzt schon bedroht – und andersherum: Auch die Verkürzung unseres Lebens kann ihm die Bedeutung nicht mehr rauben, die es jetzt schon erlangt hat. Über den Sinn unseres Lebens entscheidet ja letztlich nicht die Anzahl Jahre, die uns gegönnt sind, sondern die Art und Weise, in der wir ebendiese Jahre verbringen.

Genau darum legt uns der Glaubenstitan Mose hier höchstpersönlich ans Herz, unser Leben im Bewusstsein zu leben: Irgendwann ist Schluss. Die Art und Weise, in der wir unser Leben führen, soll bestimmt sein von einem imaginären Rückblick auf unser Leben: Was soll man einmal über mein Leben sagen können? Werde ich etwas Wertvolles zurücklassen – oder wird mein Erbe nur aus Geld bestehen? Ist es mir nur um mich selbst gegangen – um meine Playstation, meine Band, meine Influencer-Karriere, um meinen Vorgarten, meine Briefmarkensammlung, mein privates Glück – oder habe ich auch für etwas anderes gelebt?

Die große Story

Das ist aber nicht nur ein ziemlich morbides Ende für ein eigentlich ermutigendes Buch. Es ist auch noch zu wenig, um dem Leben wirklich Geltung zu geben.

Nur das Bewusstsein, dass wir irgendwann wieder in der Kiste landen, befähigt uns ja noch nicht zu einem sinnvollen Leben. Und nur die Tatsache, dass wir mit unserem Leben einige weitere Menschen glücklich gemacht haben, sichert uns auch noch keine langfristige Bedeutung – zumindest, wenn wir uns Bertrand Russels frustrierende Gesamtschau des Universums in Erinnerung rufen.

Wenn Russell recht behält, dann spielt es freilich auch keine Rolle mehr, ob du ein Straßenkind in den Slums von Manila oder der amerikanische Präsident, eine Studentin an einer drittklassigen Universität oder Taylor Swift, ein Hausmann aus Pforzheim oder Mutter Teresa von Kalkutta bist. Egal wie wichtig oder dürftig dein Einfluss auf die Menschheit ist – wenn man etwas Zeit ins Land streichen lässt und genügend Abstand nimmt, verflüchtigt sich jedes menschliche Vermächtnis. Der Cäsar des Römischen Reiches kann heute schon froh sein, wenn noch ein Hund nach ihm benannt wird. Seine Spuren in der Geschichte verlaufen sich zusehends …

Mein Leben zählt!

Nein, was wir wirklich brauchen, ist die Gewissheit, mit unserem Leben Teil von etwas Größerem zu sein, das unser irdisches Dasein überdauert und sogar in Ewigkeit von Bedeutung ist.

Was unserem Leben Sinn gibt, ist seine Einbindung in eine umfassendere Geschichte – in eine „große Erzählung", um einen Ausdruck aus der Philosophie aufzugreifen.

Dann erst bekommt unser Leben einen bleibenden Wert. Dann erst können wir unsere Tage beginnen in der Überzeugung:

Mein Leben zählt!

Was ich heute tue – oder besser: *Wie* ich heute tue, was ich tue – macht einen nachhaltigen Unterschied. Ob mir das Leben große Einflussmöglichkeiten schenkt, oder ob sich einmal nur wenige an mich erinnern werden: Mein Leben ist Teil einer atemberaubenden Geschichte, welche kein Geringerer als Gott selbst ins Rollen gebracht hat und zum Ziel führen wird.

Jede Begegnung mit anderen Menschen in meinem Leben, jedes Gebet, das ich spreche, jeden Kampf, den ich ausfechte, und jede Not, die ich durchstehe, bekommt eine Bedeutung durch diesen weiteren Kontext. Kein Moment ist einfach zum Vergessen verurteilt. Nichts Gutes, Schönes oder Gerechtes, das Gott durch unser Leben hervorbringt, geht einfach in den Weiten des Universums verloren. Es trägt vielmehr bei zu den guten Absichten, die Gott in der Schöpfung verfolgt.

Wenn wir der Geschichte Glauben schenken, welche die Bibel über Jahrtausende hinweg bezeugt, dann ist kein Menschenleben nur eine kosmische Flatulenz. Dann kommt unserem Leben ein unveräußerlicher Wert und eine ewige Bedeutung zu – und dann lohnt es sich, auch am nächsten Montag erwartungsvoll aufzustehen ...

Anmerkungen

[1] Vgl. Nina Pauer: *Wir haben (keine) Angst*, Frankfurt a. M., 2011, 28.

[2] Vgl. Johanna Dreyer & Katharina Weiss: *Maybe you should go fuck yourself*, Berlin 2014, 81f.

[3] Nina Pauer: *Wir haben (keine) Angst*, Klappentext.

[4] Zitiert nach NGÜ.

[5] Zitiert nach NGÜ.

[6] Zitiert nach NLB.

[7] Zitiert nach NGÜ.

[8] Zitiert nach ELB.

[9] Zitiert nach HfA, 1. Aufl. 1983.

[10] Zitiert nach NGÜ.

[11] Zitiert nach NGÜ.

[12] Bertrand Russel, zitiert bei Neil Postman: *Die zweite Aufklärung. Vom 18. ins 21. Jahrhundert*, Berlin 2001, 138.

[13] Neil Postman: *Die zweite Aufklärung. Vom 18. ins 21. Jahrhundert*, Berlin 2001, 128.

[14] C. S. Lewis, *Über den Schmerz*, Gießen 1995, 25.

[15] Klaus von Stosch: *Einführung in die Systematische Theologie*, Paderborn 2019 (4., aktualisierte Auflage), 49.

[16] Armin Kreiner: *Gott im Leid? Zur Theodizee-Relevanz der Rede vom leidenden Gott*, in: Peter Koslowski & Friedrich Hermanni (Hg.): *Der leidende Gott. Eine philosophische und theologische Kritik*, München 2011, 215.

Thomas Meyerhöfer

LOST

„Bring mich heim"
Sinnsuchergeschichten

192 Seiten, gebunden
ISBN Buch 978-3-7655-2132-4
ISBN E-Book 978-3-7655-7646-1

Kantige Reflektionen über Gott in der Welt

LOST ist ein Reiseführer für alle, die sich auf ihrer Reise zum Sinn des Lebens verlaufen haben. Thomas Meyerhöfer hat ein Herz für Verirrte. Und einen besonderen Blick für Alltägliches. Der Paketbote, die Frau an der Supermarktkasse, eine abenteuerliche Busfahrt – verschmitzt und liebevoll beobachtet, schildert und kommentiert Thomas Meyerhöfer sein Umfeld. Und baut aus banalem Alltag heraus Brücken zu tiefen biblischen Weisheiten. Erfrischend ehrlich und unfromm, aber mit viel Tiefgang. Ein Genuss – auch für Menschen ohne Bibelwissen.

„Thomas Meyerhöfer braucht keine Phantasie, um seine Geschichten zu schreiben. Das Leben diktiert sie ihm, die Begegnung mit Menschen formt die Worte. In allem bewahrt er sich den Ausblick auf Hoffnung. Manchmal ist beim Lesen der Himmel greifbar nah – inmitten von Tragik ein Ort zum Verweilen."
Martin Kreutter, Pastor

BRUNNEN VERLAG GIESSEN
www.brunnen-verlag.de

Thaddäus Schindler

STAYONFIRE

Wie dein Glaube im Alltag
sein Feuer behält

208 Seiten, gebunden, Softcover
ISBN Buch 978-3-7655-0736-6
ISBN E-Book 978-3-7655-7170-1

Thaddäus Schindler hat es selbst erfahren: Gott ist real. Und er liebt es, mit uns zusammen das Unmögliche zu tun. Wenn wir uns von seinem Feuer anstecken lassen, können wir echte Abenteuer mit ihm erleben. Nicht nur beim großen Event, sondern mitten in unserem Alltag.

Mit knackigen Wahrheiten und persönlichen Geschichten ermutigt der junge Blogger den Leser zu einem authentischen Leben im Glauben. Er weiß, wie man Durststrecken übersteht. Und dass Gottes Liebe alles verändern kann.

Weitere Infos auch auf stayonfire.de

Leserstimmen:
STAYONFIRE hilft dir dabei, jeden Tag deinen Fokus richtig zu setzen. Nicht überfromm oder religiös, sondern frisch und zeitgemäß.
Juri Friesen, Outbreakband

STAYONFIRE steht für Innovation in der christlichen Szene. Diese Jungs denken außerhalb der Grenzen und erreichen damit eine unglaubliche Relevanz und Einzigartigkeit.
Linus Trillitzsch, Basement Vibes

BRUNNEN VERLAG GIESSEN
www.brunnen-verlag.de